Qu'est-ce qu'une frontière aujourd'hui ?

Anne-Laure Amilhat Szary

Qu'est-ce qu'une frontière aujourd'hui ?

puf

Ce livre a été soutenu par les projets de recherche de l'Institut universitaire de France (« Frontières mobiles ») et de l'Union européenne (FP FP7-SSH-2011 EUBORDERSCAPES). Il doit beaucoup à mon aiguillon socratique, Olga Najgeborn, et à mon premier lecteur, Damien Amilhat.

Du même auteur

Après la frontière, avec les frontières : dynamiques transfrontalières en Europe, ouvrage codirigé avec M.-C. Fourny, La Tour d'Aigues, Éditions de l'Aube, 2006.
Borderities: the politics of contemporary mobile borders, ouvrage codirigé avec F. Giraut, Basingstoke, Palgrave Macmillan, 2015.

ISBN 978-2-13-065163-5

Dépôt légal — 1re édition : 2015, mars
3e tirage : 2016, février
4e tirage : 2018, février

© Presses Universitaires de France, 2015
6, avenue Reille, 75014 Paris

INTRODUCTION

Dans les maisons de nos contes de fées, on rentre par la porte, voire par la cheminée… Des fenêtres et leurs éventuels volets viennent compléter ce jeu d'ouvertures maîtrisées qui permettent de moduler les limites des sphères privées et publiques de façon assez binaire. Dans nos maisons occidentales modernes, des fils électriques, un câble téléphonique familial et une antenne de télévision relient chaque unité de vie au monde grâce à une série de réseaux matérialisés par des infrastructures adaptées.

Aujourd'hui, non seulement l'architecture prévoit de complexes circulations de flux à respecter pour mieux ventiler les habitats, mais surtout, des ondes en tous genres traversent nos murs sans avoir besoin d'ouvertures dédiées. La télévision fonctionne grâce à des bouquets satellites, chaque membre du foyer dispose de son propre téléphone dont le service peut être pourvu par des opérateurs variés. Les appareils électroniques fonctionnant sans fil voient s'afficher de nombreux réseaux dont l'accès est régulé non plus physiquement mais en fonction de codes. La question de l'accès pose en négatif celle de frontières qui prennent de plus en plus de place dans notre quotidien.

Construites pour délimiter des États, séparer des entités territoriales, protéger des populations d'autres groupes, les limites internationales sont en train de se transformer en profondeur, tant dans leurs formes que dans leurs fonctions. Ces changements ont déjà commencé à bouleverser nos vies, notre façon de nous ancrer dans les territoires, nos capacités à voyager, mais aussi la définition de nos relations politiques. Revenons sur quelques événements marquants de ces dernières années pour mieux saisir l'ampleur de ces enjeux.

1989 : le mur de Berlin tombe, les frontières vont disparaître avec la fin de l'histoire et celle, corollaire de la géographie… 2014 : les crises d'Ukraine et de l'organisation de l'État islamique du Levant, mais aussi le référendum d'autonomie en Écosse, sèment le trouble international en remettant en cause la carte politique du monde dont on nous avait appris les contours stables. La frontière, ligne de partage traditionnel entre des territoires, des souverainetés, est remise en question de multiples manières : par l'abaissement des droits de douane pour une meilleure circulation des marchandises, par la dérégulation financière pour une accélération des échanges de capitaux, par les revendications séparatistes et sécessionnistes qui se multiplient. En une génération, les tre alphabet spatial ont basculé ns pris conscience de toutes les ites par ce bouleversement. Le géographe continuent à décrire des points, des lignes, des périmètres, mais ceux-ci ont perdu toute stabilité et c'est la labilité de leurs agencements qu'il faut désormais analyser afin de les comprendre.

Si le tournant des années 1990 a bel et bien été témoin de la multiplication de formules prônant l'avènement d'un monde sans frontières, la mondialisation n'a pas fonctionné comme ce rouleau compresseur globalisant qui devait annuler les spécificités locales. Certes, la réduction des distances entre les hommes et les marchandises permet la diffusion de produits standardisés. Leur consommation n'induit pas cependant un nivellement culturel généralisé, ce que les grands groupes traduisent dans les faits par des déclinaisons « customisées » de leurs produits. Loin de sonner le glas des territoires, la mondialisation les a valorisés, tant symboliquement qu'économiquement : elle leur a enjoint d'être compétitifs, c'est-à-dire de jouer sur leur capacité de se différencier pour sortir gagnants de leur mise en concurrence.

On a longtemps cru que ces circonstances qui conduisaient à la multiplication de territoires inédits, nouveaux États ou quasi-États, ne pouvaient pas remettre vraiment en cause l'équilibre international. Certes, l'idée de territoire vacillait, mais cette fragilisation qui se traduisait par l'apparition de nouveaux projets et la multiplication de périmètres dits de « gouvernance » ne devait pas mettre en danger les États. Les nouveaux territoires viendraient se superposer aux découpages administratifs et politiques existants, que ce soit au sein des États (avec notamment les intercommunalités en France) ou au-dessus d'eux, à l'échelle des continents (dans le processus d'intégration européenne par exemple). La subdivision des territoires nationaux en sous-ensembles autonomes paraissait presque impossible. En témoigne le nom donné à ce processus, dit de « balkanisation », un terme repoussoir lié à l'histoire d'une région à laquelle les grands pays ne pouvaient ressembler. L'actualité récente de l'Europe et de l'Eurasie illustre le contraire : la dislocation des équilibres issus de la guerre froide a permis la création de près de 27 000 km de frontières dans le monde depuis 1991.

Comme pour se persuader de la stabilité de réalités qui oscillaient, cette même période a vu la multiplication de tous types de barrières sur les frontières existantes. Leur prolifération dans un monde où la globalisation semblait reposer sur l'ouverture des frontières est telle que nous avons presque cessé de voir ce paradoxe. À quoi servent les murs ? Cette question cache de nombreuses fausses évidences. Les murs sont-ils construits pour se protéger, soi et son territoire, de dangers extérieurs si nombreux qu'ils mettent notre identité en péril ? Sont-ils là pour bloquer les circulations de germes malins ou plantes invasives, de produits venant dumper nos marchés, d'idées et de moyens terroristes ou encore de personnes dont le statut ne leur permet pas de traverser les frontières ? L'intensité des moyens politiques et économiques engagés pour les construire se justifie paradoxalement par des arguments plus intimes : les murs nous donnent à voir, sentir, toucher, ces frontières qui semblent à la fois nous échapper et nous envahir.

Nous sommes en effet témoins de la progression d'un faisceau de légitimités qui se posent comme des possibles ouverts, concurrençant l'aspiration à cette universalité rationnelle qui a fondé la période moderne. Témoins de la fin d'un *statu quo* dont la frontière était le garde-fou, nous assistons à la fin d'un modèle politique que nous pensions immuable, celui de l'État-nation. Ce qui vacille en effet, c'est l'équivalence posée, en Europe depuis le XVIIe siècle, entre droits, identité et territoire. Comprendre ce qu'est une frontière aujourd'hui, c'est donc poser des questions fondamentales pour envisager l'avenir de nos démocraties, mais aussi reformuler les bases de notre relation au monde.

De quoi la frontière est-elle le lieu ? Ce livre n'est pas le premier à tenter de répondre à la question de ce qu'est une frontière, mais aujourd'hui, il montre combien les réponses diffèrent. Contextuellement deux facteurs nous obligent à reposer les bases de la réflexion géopolitique. D'une part la mondialisation a transformé les relations entre les lieux, mettant chaque point du monde en contact potentiel avec tous les autres, dans une distorsion des propriétés spatiales de distance. La frontière intéresse et touche désormais les territoires dans leur ensemble, et pas seulement sur leurs périphéries. D'autre part les technologies rendent possibles la multiplication, mais aussi le tri des flux ; elles accompagnent la dissémination des contrôles frontaliers et leur interaction des bases de données de plus en plus nombreuses sur les individus. Car la frontière n'est plus seulement le lieu d'une relation asymétrique entre des États, elle devient une réalité profondément inégale en fonction des personnes. Elle constitue un lieu de tension entre soi et l'autre, à la fois garde-fou de nos démocraties et condition d'exclusion du non-citoyen. À présent, ce sont les frontières qui nous traversent.

LA FRONTIÈRE MOBILE

Le lieu de rencontre de l'autre

La frontière continue de constituer un élément essentiel de notre alphabet territorial. De la même façon que le géomètre se repère en fonction de points, lignes et aires, ces formes nous servent de repères dans notre expérience spatiale. Le géographe a également besoin de ces figures élémentaires pour décrire l'occupation humaine de notre planète, au risque de s'enfermer dans leur apparente simplicité. Réduire la frontière à une ligne tracée sur une carte n'est pas simplement un raccourci commode, c'est une démarche qui est à l'origine de l'invention de nos limites internationales : les frontières ont été inventées en même temps que les cartes, dans une interaction sur laquelle il est intéressant de revenir.

Au cœur de l'Europe moderne, au début du XVIIe siècle, l'Europe était déchirée par des guerres répétées qui exprimaient la concurrence des appétits politiques dans la constitution des grands ensembles territoriaux en train de devenir ce que nous appelons, depuis, des États. La fin de la fronde et de la guerre de Trente ans devait marquer, tant sur le plan intérieur qu'extérieur, la fin de l'ordre politique médiéval fondé sur les liens interpersonnels de confiance et d'obédience (la « vassalité »). On a coutume de dire que les frontières au sens de limites internationales ont été portées sur les fonts baptismaux en 1648, date de signature des traités de Westphalie. Entre Osnabrück et Münster (dans le sud de ce qui ne deviendrait l'Allemagne que deux siècles plus tard, et à l'époque villes libres du Saint-Empire) s'inventait une nouvelle façon de voir le monde. Les émissaires des grands royaumes européens réunis en conclave diplomatique décidèrent de fonder l'équilibre de leurs puissances sur la base d'une stabilité territoriale négociée. Si les traités signés lors de ce premier congrès international n'ont pas garanti la paix en Europe, ils ont toutefois fondé l'idée d'État-nation territorial et inventé la frontière comme convention pour le matérialiser.

Ce qui s'est joué à ce tournant historique est d'une importance essentielle pour nous : on y voit en effet se construire une triple équivalence qui va acquérir une nature tautologique (c'est-à-dire dont la vérité se répète en fonction d'elle-même). Pas une définition de frontière qui ne réfère aux notions d'État (-nation) et de territoire, pas une approche des deux autres termes, d'État ou de

La frontière mobile

territoire, qui n'inclue également celle de frontière. La nation se réfère à un groupe qui s'est construit une histoire et une identité partagées (l'historien Benedict Anderson parle de « communauté imaginaire ») ; l'État recouvre l'institution qui exerce l'administration et le pouvoir pour cette nation ; le territoire constitue l'espace sur lequel cet État est souverain, c'est-à-dire le périmètre de sa légitimité. Le dictionnaire Larousse nous parle ainsi de la « limite du territoire d'un État et de l'exercice de la compétence territoriale ». Les approches juridiques, qui semblent en apparence les plus claires, buttent frontalement sur cet écueil d'une souveraineté qui fonde l'État tout en se définissant alternativement par le territoire et par ses frontières. Notre système politique européen trouve en effet son origine dans la consolidation concomitante de l'État et de la nation. Un groupe d'hommes et de femmes remet sa destinée entre les mains d'un individu qui le représente selon un droit divin, puis par la suite, de façon démocratique. Dans la République, le système de gouvernement qui fait l'État garantit à tous les individus du groupe le respect de leurs droits, limitant la violence de façon institutionnelle. Les limites d'exercice de ce pouvoir sont garanties, dans l'esprit par la loi, dans l'extension par des frontières qui définissent le périmètre d'action d'un régime politique. Ces lignes politiques déterminent également les conditions d'appartenance citoyenne en fonction des relations que les individus entretiennent vis-à-vis du territoire de l'État. Sa base territoriale a permis à l'État-nation de survivre au contexte monarchique de sa création, pour évoluer dans un contexte de dépersonnalisation du pouvoir.

Son recouvrement avec l'idée de nation a contribué à consolider l'idée de frontière, à la fois outil de fabrication des identités et support de la consolidation des appartenances, au croisement imaginaire des critères culturels, historiques, et politiques. Le philosophe Étienne Balibar a souligné combien ces lieux constituent à la fois le « point de fixation institutionnelle des identités politiques, et le point où ces mêmes identités redeviennent incertaines » (1997). Plus tard, il est lui aussi revenu sur cette exceptionnalité historique européenne « dans laquelle se rencontrent la constitution du peuple et celle de l'État » (2000) et qui fonde l'idée d'une souveraineté territorialement exclusive.

Comme on commence à le comprendre, la frontière ne peut être qu'un lieu étrange tant sa définition pose question. S'en référer au dictionnaire fait buter le lecteur sur des synonymes dont la définition n'est guère plus accessible que le terme premier, notamment les notions de « limite », ou d'« interface » dont les définitions sont tout aussi floues que celle de « frontière ». Un détour étymologique peut s'avérer plus éclairant pour comprendre ce qui se joue autour de ces types de lieux, d'autant que selon les langues, les significations du terme varient considérablement. En français et dans les langues latines, la notion fait référence au vocabulaire militaire, à la notion de face-à-face violent (l'affrontement). En anglais au contraire, c'est au champ sémantique du lien que la *boundary* fait appel (*to bind*, relier). Si l'on pense au terme allemand de *grenze*, on ouvre encore un autre pan de l'imaginaire frontalier, le mot dérivant d'un terme polonais proche signifiant la borne, c'est-à-dire un ancrage matériel ponctuel pour soutenir une ligne qui n'existe que comme construction mentale ; ce terme fut historiquement plus utilisé dans un contexte foncier de démarcation de la propriété individuelle qu'avec une intention politique. De façon étonnante, aucun de ces mots ne parle de limite linéaire, de frontière ligne…

La ligne constitue pourtant la forme dominante des représentations frontalières, depuis l'époque même de leur invention politique, au cœur de l'Europe moderne. Il se trouve que les cartes constituent un outil technologique élaboré à la même époque : loin d'être une coïncidence, ceci illustre bien l'interaction entre les conditions de production du savoir et de la connaissance, et celles de l'exercice du pouvoir. Pour être plus précis, si les ambassadeurs des rois d'Europe réunis pour signer la paix de Westphalie ont pu formuler le type d'accord que je viens de décrire, c'est parce qu'ils ont pu poser devant eux des cartes continentales suffisamment précises pour leur permettre de localiser des lignes matérialisant la stabilisation de leurs rapports de force. Il faut souligner en passant qu'il ne s'agissait pas, à l'époque, de départager une population française d'une population allemande, ni d'une autre belge, mais bien d'un processus de démarcation politique. Et s'ils ont tracé les frontières le long des fleuves et des chaînes de montagnes qui apparaissaient sur leurs cartes comme des chaînes de petits triangles reliés, ce n'est pas seulement par commodité, et parce que ces éléments de topographie fournissaient le support facile de leur dessin/dessein. La justification du pouvoir souverain des rois découlait de leur personnification d'une mission supérieure, ils régnaient de droit divin : dans la mesure où la nature constituait également une création biblique, ancrer leur légitimité sur des éléments de relief confirmait leurs attributions. Cette transposition du pouvoir divin *via* des supports naturels, essentialise les royautés européennes modernes, mais aussi nos États-nations qui en sont les héritiers : cela permet sans doute de mieux comprendre pourquoi il est si difficile, aujourd'hui encore, de se départir de l'idée de « frontière naturelle ».

On peut même aller plus loin en affirmant que la carte est la condition d'existence de la convention politique. Poser la limite sur la carte la fait advenir, dans une interaction existentielle étonnante (sans carte, pas de frontière). À partir du moment où elles furent posées sur le parchemin, les limites politiques se sont rétroactivement vues dotées du pouvoir qui avait initié la carte. Les frontières sont nées de cette condition visuelle. Ce lien congénital entre cartes et frontières explique aussi que s'il n'existe pas de frontières plus artificielles que d'autres, il a par contre été plus difficile d'imposer l'idée de limite linéaire dans les régions sans culture cartographique. Les frontières africaines ne sont pas plus artificielles que d'autres, elles matérialisent cependant un ordre politique qui ne reposait traditionnellement ni sur une extension continue de la souveraineté, ni sur l'utilisation de ces instruments de mise à plat en deux dimensions du monde que nous appelons cartes. C'est à ce titre que l'appropriation de l'idée de frontière a été plus difficile au sein de certains corpus de représentations collectives que dans d'autres. L'appareil scientifique nécessaire à la production de cartes et qui devait également inventer les frontières exprimait en effet une cosmologie rationnelle, divisant nature et culture. Le pouvoir des « frontières naturelles » reposait ainsi sur leur capacité à valider, par la délimitation de l'espace, un principe d'universalité porté par une vision occidentale de la nature. Cela s'est vérifié par la diffusion expansionniste de cette manière de faire le territoire lorsque le processus de colonisation a permis l'exportation du modèle européen de découpage du monde.

De façon étonnante, ces premières pages n'ont pas encore abordé la question des fonctions de la frontière… « À quoi sert une frontière ? » semble une question presque saugrenue face à la puissance symbolique de cet artefact politique. La puissance de la frontière réside certainement dans sa capacité à dématérialiser une série d'attributions, lesquelles sont d'ailleurs susceptibles d'évoluer dans le temps. La figure de la ligne en tant qu'appareil sécant de l'imaginaire est présente dans nos mythes. Il n'est qu'à se souvenir du sillon tracé autour de Rome qui valut la vie à l'un des deux jumeaux fondateurs : Rémus franchit en riant la ligne tracée dans le sol par son frère pour initier la construction

La frontière mobile 23

de la nouvelle cité et de l'empire dont elle sera le centre... La colère déclenchée chez Romulus est telle qu'il assassine son frère, faisant couler le sang dans la terre, redoublant le sens symbolique de la frontière. Cette puissance imaginaire de la ligne va constituer une figure récurrente des usages et interprétations des frontières qui entrave aujourd'hui notre compréhension quant à leur devenir dans un monde de technologies diffuses et en réseau.

L'invention des frontières à l'époque moderne a donné naissance à un monde stabilisé par leur tracé. Cela s'est opéré grâce à l'extension de l'influence européenne à la surface du globe au travers de la colonisation, dans un processus long. Si l'Europe, faute de moyens, n'a pas exporté immédiatement des frontières lignes dans le monde, l'idée de partage a été à l'origine des grandes phases de son expansion. Dès le retour de Christophe Colomb de son premier voyage, les rois d'Espagne et de Portugal se disputent la propriété des terres découvertes, un conflit porté devant le pape Alexandre VI auquel revient la paternité de ce que Michel Foucher, spécialiste français de la géographie des frontières, a appelé la première « méta-frontière », c'est-à-dire à l'établissement d'une ligne *a priori*, tracée sans connaître ni avoir reconnu les terres déclarées par les Européens non habitées *(terra nullius)* et en cours d'appropriation par eux-mêmes. L'opération va se reproduire au moment du partage de l'Afrique, la conférence de Berlin de 1884-1885 fixant des règles de découpage plus que traçant véritablement des limites entre les appétits de conquête des puissances coloniales.

Ce que nous appelons l'ordre international est ainsi le résultat d'un triple processus historique. Tout d'abord l'établissement de « frontières-cadres » ou méta-frontières, déterminées depuis les centres politiques et concernant des territoires pour une bonne part ni parcourus ni véritablement soumis. Dans un deuxième temps, une validation frontalière reposant sur une alternance de conquêtes militaires et de maillages administratifs, processus menés pour la plupart au nom de puissances métropolitaines lointaines. Et enfin, dans un processus de décolonisation, validation de cet héritage liminal au nom de l'équilibre global. Toutes les définitions juridiques de la frontière reposent sur ce principe de stabilité apparente.

Il est à ce titre un principe de droit très intéressant à décortiquer pour saisir les ambiguïtés de ce cadre institutionnel : il est généralement admis que les décolonisations devaient respecter un principe construit au moment de l'indépendance des républiques latino-américaines au début du XIXe siècle, et appelé *Uti possidetis juris*. Dans sa totalité, l'expression latine se développe de la façon suivante : *Uti possidetis ita possideatis*, « comme tu as possédé, tu posséderas », elle couronne l'intangibilité des frontières internationales au moment des changements de régimes. Reconnu par les acteurs de la décolonisation, au premier rang desquels Simon Bolivar, ce principe est loin de correspondre à la réalité historique du continent. La datation de l'établissement des frontières latino-américaines révèle que seul un petit tiers suit des tracés antérieurs au XIXe siècle, 10 % d'entre eux étant, eux, postérieurs à l'ouverture du canal de Panama (1914). On en conclut que la grande majorité de ces frontières ont été définies entre ces dates, sous la férule de nouveaux États, de nationalismes naissants, et dans un contexte bien plus conflictuel que l'historiographie traditionnelle n'a pris l'habitude de le présenter.

Le troisième traité fondateur dans l'histoire des frontières est celui de Versailles, texte résultant de la Première Guerre mondiale, créant en 1919 non seulement une kyrielle de nouvelles limites internationales en Europe médiane, mais aussi l'instrument pour en réguler l'existence, la Société des Nations (SDN). Dans ce cadre, la gestion de l'effondrement de l'Empire ottoman va néanmoins se faire à nouveau en fonction de la logique coloniale : au moment où Roosevelt proclame le droit des peuples à disposer d'eux-mêmes en Europe médiane, la conférence de San Remo octroie à la France et la Grande-Bretagne de nouveaux mandats au Proche-Orient (et les droits civils des Noirs continuent de ne pas exister aux États-Unis). C'est aujourd'hui l'Organisation des Nations unies (ONU), succédant à la SDN en 1945, qui est chargée du respect d'un ordre international fondé sur la stabilité des frontières. Cette disposition a été confirmée par d'autres, spécifiques, sur le droit des traités (contenues notamment dans les conventions de Vienne de 1969 et 1986). Pourtant, le Soudan du Sud en est, depuis 2011, le 193e État membre et il existe aujourd'hui près de quatre fois plus d'États qu'au moment de l'établissement de l'ONU (51 États reconnus en 1945). Et de nombreuses nations, des Palestiniens aux Catalans, continuent de réclamer leur reconnaissance étatique. La stabilisation du monde ne serait-elle qu'une apparence résultant de son tracé sur des cartes accompagné d'une batterie de traités juridiques ?

La frontière est certes palimpseste, manuscrit où les traces de négociations politiques et culturelles se superposent… Lieu dynamique, elle ne constitue pas seulement l'héritage de rapport de forces. À ne chercher à comprendre les frontières qu'en fonction des États et des organisations internationales qui les gouvernent, on perd de vue leur nature anthropologique et leur profondeur politique. Proposer de qualifier les frontières contemporaines de « mobiles », ce n'est pas simplement rendre compte de l'histoire et du devenir de leurs tracés, c'est remettre au cœur de l'analyse la dimension profondément dialectique de la frontière. Dans une magnifique formule, des géographes ont pu définir le fait de tracer une frontière comme l'acte de « mettre de la distance dans la proximité » (groupe « Frontière », collectif de géographes strasbourgeois). C'est à la frontière que l'on se définit face à l'autre, dans un processus toujours mouvant.

Des frontières qui s'ouvrent et se ferment à la fois

Ce n'est pas le fait que la frontière soit en mouvement qui doit nous surprendre. Même lorsque les limites sont assises sur des repères naturels supposément fixes, elles sont susceptibles de bouger. Les lits des rivières et la forme de leurs méandres évoluent au gré de l'érosion des rives d'une part, des afflux sédimentaires liés aux crues d'autre part. Ces micro-variations occupent à l'heure actuelle, en de multiples points de la planète, des équipes de topographes et d'avocats internationaux et qui renégocient les lignes sur une série de limites internationales. Même les montagnes bougent, on s'en rend compte au cœur de l'Europe où, en 2009, des négociations ont été ouvertes entre la Suisse et l'Italie pour redéfinir un segment de leur frontière alpine commune. Du fait de la fonte des glaciers entre le Cervin et le mont Rose, la ligne de plus haute crête qui avait servi de support au tracé de la frontière se trouve désormais décalée, en contrebas de la limite internationale. Pour s'adapter à cette évolution, le sommet des remontées mécaniques du col Théodule, dans la station de Zermatt/Breuil-Cervinia va soit changer de nationalité, soit acquérir un statut transnational.

Mais ce qui me préoccupe ici, c'est moins que la frontière bouge que de comprendre dans quel sens cela se produit.

Il existe bel et bien des frontières qui s'ouvrent. Autour des tronçons (ou « dyades », un terme inventé par M. Foucher en 1986 pour qualifier un « tronçon de frontière commun à deux États ») faciles à traverser, des territoires transfrontaliers peuvent se construire et constituer des espaces identitaires spécifiques, où la limite devient potentiellement créatrice de lien et se fait interface. Dans

La frontière mobile

le même temps, des processus de plus en plus fréquents de fermetures nouvelles sont à l'œuvre, dont témoigne la recrudescence paradoxale des murs depuis la chute de celui de Berlin (une cinquantaine de murs construits depuis lors, et d'autres aujourd'hui encore en projet, sans compter les frontières fermées par des dispositifs variés sur lesquels je reviendrai). Ce subit accroissement de frontières murées questionne profondément la pensée géopolitique dans un monde de flux, mettant en évidence leur traitement différencié (capitaux *vs* marchandises, idées *vs* individus). La majeure partie des analyses oppose de fait des frontières ouvertes, le plus souvent évaluées de façon positive, à des frontières fermées qui sont en revanche présentées de façon péjorative. Cette opposition est très artificielle car à bien y regarder, c'est chaque frontière qui s'ouvre et se ferme à la fois, sous l'emprise de processus concomitants. Le fait que la frontière soit un type d'espace instable, que l'on puisse même dire qu'il s'agit d'un processus plutôt que d'un lieu, tout cela est gommé par notre vocabulaire français qui préfère les substantifs aux verbes. Pour faire réapparaître cette dynamique, il est utile de passer par l'anglais et son usage des gérondifs d'action : les frontières se font dans des dynamiques de *debordering* et de *rebordering*, deux termes que les idées d'ouverture/fermeture ne traduisent qu'imparfaitement.

Ces processus ont sans doute toujours existé, mais la globalisation financière récente les a exacerbés, soulignant cette fonction de tri des flux dévolue désormais aux frontières. L'idéologie dominante de notre période promeut en effet la réduction des obstacles à la circulation des idées, capitaux, biens et personnes, une symétrie que la réalité migratoire questionne violemment. Un ancien directeur de l'Organisation mondiale du commerce (OMC), Mike Moore, a ainsi pu donner pour titre programmatique, *Un monde sans murs*, à son livre publié au moment même où le tournant sécuritaire du 11-Septembre provoquait la recrudescence des frontières fermées. Une partie seulement du malentendu peut venir du vocabulaire et du fait que les économistes préfèrent réfléchir au rôle des barrières, tarifaires et douanières notamment, qu'à celui des frontières. Le paradoxe est plus fondamental : on peut promouvoir certains flux et permettre leur intensification tout en en reduisant d'autres et ce, de façon de plus en plus fine grâce à l'utilisation de technologies reliant des bases de données pour calculer les risques aux frontières.

Ceci est très sensible en ce qui concerne les technologies de l'information et la circulation des

La frontière mobile

idées. Leur dématérialisation semble rendre leur circulation très aisée. Il faut éviter toute simplification de raisonnement dans ce sens, car tous les flux d'information reposent sur des infrastructures qui sont, elles, territorialisées. L'arrêt des activités gouvernementales du fait du non-paiement des fonctionnaires fédéraux aux États-Unis en octobre 2013 a par exemple rendu certains serveurs d'information latino-américains inaccessibles. Une partie d'entre eux concernait des activités de coopération internationale et fonctionnait dans des langues autres que l'anglais : avant cette crise, rien ne laissait penser que ces sites apparemment « neutres » étaient dépendants de la politique interne des États-Unis. Le fonctionnement de l'Internet est cependant doté d'une architecture à vocation universelle : les protocoles IP autorisent en théorie, l'accès aux réseaux partagés depuis tout point du globe, mais les informations de localisation qu'ils contiennent permettent des restrictions d'accès (on ne peut pas avoir accès en direct, en France, aux chaînes d'information d'autres pays francophones). Certains régimes politiques dépensent une énergie considérable pour reconstruire des frontières à leurs espaces virtuels, sous la forme de pare-feu géants comme ceux que déploie la Chine aujourd'hui.

Derrière l'invocation de la libre circulation des personnes, biens, capitaux et informations se profilent des régimes de traitement des flux qui se complexifient. La frontière mobile doit en effet assurer des fonctions de filtre afin de contribuer à « fluidifier » la globalisation. La multiplication de périmètres d'intégration régionale à laquelle nous assistons depuis les années 1970 ne s'est guère traduite par la facilitation des circulations humaines. À ce titre, l'espace Schengen est une véritable exception mondiale, seul périmètre où le contrôle des identités a été supprimé au passage des frontières internationales. Cela est loin de signifier que la fonction de contrôle des identités aux frontières soit caduque en Europe, et je détaillerai plus loin ses modalités d'exercice. Il faut aussi se rappeler que ces contrôles peuvent être remis en application de façon unilatérale : ce fut le cas temporaire de la France à sa frontière italienne au moment des printemps arabes, pour limiter l'accès sur son territoire des Tunisiens débarqués en Italie ou, de façon plus durable, du Danemark qui a pris l'initiative de rétablir les contrôles sur ses frontières pendant l'été 2011. Ce phénomène d'ouverture se reproduit à toutes les échelles : au nom de l'amélioration de la circulation, les normes pour traverser les frontières sont renforcées de telle sorte qu'elles excluent des segments entiers de populations qui avaient pourtant l'habitude de circuler dans ces territoires frontaliers. Cela peut concerner les descendants de populations autochtones des Andes ou d'autres personnes vulnérables qui n'ont pas de papiers d'identité, pas de voiture non plus.

Il suffit de regarder ce qui s'est produit en Amérique du Nord pour mieux comprendre ce processus : entré en application en 1994, l'ALÉNA (Association de libre-échange nord-américain, NAFTA en anglais) devait permettre la libre circulation : non seulement celle-ci n'est jamais devenue une priorité politique mais, dans les faits, le passage est aujourd'hui devenu plus tendu aux deux frontières – nord et sud – des États-Unis. Jusqu'aux années 2000 en effet, un permis de conduire suffisait à s'identifier au passage de la limite internationale. La dynamique d'intégration des formalités de contrôle lancée avant le 11 septembre 2001 s'est radicalisée suite à l'attaque des tours jumelles. Cela s'est traduit, côté canadien, par la promulgation d'une « Smart Border Declaration » en décembre 2001. Ce texte visait à mettre en place de meilleures conditions de sécurisation des flux de personnes et de marchandises grâce à de bonnes infrastructures (mise en place de files pour porteurs de papiers sécurisés, comme le « NEXUS fast lane »). Le dispositif est complété en 2005, par le programme FAST (Free and Secure Trade) destiné à faciliter les flux de marchandises. Côté mexicain, un accord bilatéral datant de mars 2002 *(US-Mexico Border Partnership Agreement)* a conduit au même type d'évolutions : mise en place de files différentes pour la traversée de la frontière : une file normale, une file pour les porteurs de papiers d'identité munie d'une puce RFID, et enfin une file dite « SENTRI » *(Secure Electronic Network for Travelers Rapid Inspection Programme)* réservée à des passagers s'étant préalablement soumis à une enquête poussée de la CIA et du FBI. Les Mexicains qui passent quotidiennement la frontière et qui ne se sont pas soumis à cette enquête poussée (qui nécessite des conditions de vie stables, notamment en termes de domicile, auxquelles tous n'ont pas accès), doivent donc soit faire le trajet dans une voiture dont le conducteur a lui-même subi cette procédure soit faire des kilomètres de route en plus afin de contourner les postes les plus fréquentés pour y emprunter par la file « normale » sans perdre trop de temps. Ces processus de micro-contournements sont fréquents, notamment entre Israël et les territoires palestiniens occupés de Cisjordanie où le passage est plus aisé aux petits checkpoints situés entre les postes principaux, les plus longs à traverser car les plus fréquentés par les piétons.

La frontière mobile 35

Pourtant, les paysages de la frontière semblent de plus en plus contrastés, entre les frontières dites ouvertes et celles qualifiées de fermées. Comme si dans certains cas les limites internationales pouvaient presque se passer de support matériel alors que dans d'autres elles font l'objet d'un grand renfort d'infrastructures. La question de la matérialisation/dématérialisation des frontières internationales est un puissant débat, qui renvoie à nos imaginaires sociaux. Il apparaît en effet si difficile de ne plus voir la frontière qu'un peu partout en Europe ont surgi des portraits de postes de douane et de contrôle déqualifiés, certains à l'abandon, d'autres reconvertis en kiosques touristiques fleuris. Ce sont le plus souvent des photographes qui sont partis radiographier ces lieux tombés en désuétude, avec une certaine fascination que l'on peut apparenter à l'attrait pour les ruines. J'ai pour ma part suggéré de parler d'« esthétique post-Schengen » pour qualifier cette explosion poétique qui repose sur deux idées tout aussi romantiques, celle du tour, l'exploration des frontières constituant toujours un périple, et celle du génie, voire du destin du lieu, où la vanité des intentions humaines est mise à nu quand les ronces envahissent le béton qui se fissure et que la nature reprend ses droits.

Est-ce pour cette même raison que l'on a si facilement accepté les murs qui prolifèrent aujourd'hui et remettent au-devant de la scène mondiale les asymétries politiques que les frontières représentent ? Si notre patrimoine universel porte la marque de quelques murs historiques, d'Hadrien ou de Chine, ces barrières ont été réinventées par la guerre froide pour mettre en œuvre le partage du monde idéologique qui se jouait parfois sur le fil du rasoir, en face à face direct. Selon les chercheurs spécialisés de l'équipe québécoise d'Élisabeth Vallet, des 19 murs qui existaient à la fin de la guerre froide, nous avons vu quelques destructions symboliques, notamment celle des barrières qui avaient durablement coupé des pays en deux, comme l'Allemagne ou le Vietnam, mais il n'est pas négligeable de noter que 12 ont survécu à cette période (entre les Corées, aux limites du Sahara occidental, etc.). La dynamique a très rapidement été inversée, la courbe repartant à la hausse, avec 7 murs construits dans les années 1990 et plus de 25 depuis le 11 septembre 2001, soit plus d'une cinquantaine aujourd'hui. Derrière ces chiffres se profilent des réalités très différentes, depuis le plus petit mur du monde, en cours de construction sur les rives du fleuve San Juan, entre Costa Rica et Nicaragua, aux plus longs, ceux qui séparent les États-Unis du Mexique ou l'Afrique du Sud du Zimbabwe.

Les budgets mis en jeu ne sont pas les mêmes, les matériaux utilisés non plus. Même si une minorité des barrières frontalières sont aujourd'hui murées, le mot reste employé de façon générique pour désigner les frontières fermées. Dans les faits, celles-ci sont plutôt composées d'un mélange de barbelés, d'une panoplie de capteurs (de température, mouvement, etc.) reliés à une série d'autres éléments de surveillance technologique (caméras notamment). Ces murs exercent une certaine fascination : si les panneaux de béton, rectangulaires et troués, de la « barrière de sécurité » israélienne ont fait tant de fois le tour du monde médiatique, c'est aussi en raison de l'attraction photogénique qu'ils provoquent. Même si elle est moralement difficile à admettre, « la matérialisation d'un mur en béton ne symbolise pas seulement la fonction de barrière de toute frontière, mais elle empêche aussi de voir ce qui se passe de l'autre côté de la frontière. Ainsi, l'autre côté devient invisible et inconnu » (selon les mots du géographe David Newman)… et donc irrémédiablement attirant. Tout mur induit de la distinction dans un paysage jusque-là ressenti comme homogène, conférant un sens profond à la transgression, au passage de la barrière artificiellement imposée au regard et à la volonté.

Les pouvoirs qui les utilisent jouent d'ailleurs de cette puissance visuelle pour les imposer comme solutions malgré leur coût économique et politique. Le paradoxe est qu'une fois le mur érigé, celui-ci s'impose dans le paysage de façon rapide, notamment par le biais des relais médiatiques, si bien qu'il devient par la suite incongru de revenir sur ses origines. Comment poser un débat politique sur la criminalisation de la notion de « migrant illégal » lorsque non seulement des millions ont été dépensés pour empêcher leur invasion, mais qu'en plus l'image du mur renvoie sans cesse à celle d'une communauté nationale fragilisée par la mondialisation ? Une fois érigé, du fait de sa simple présence, le mur s'autojustifie. La force des murs et du durcissement des politiques migratoires qu'elle représente trouve sa source dans la façon dont ceux-ci ont vampirisé les imaginaires de la frontière.

Il faut insister sur le fait que les trois murs les plus célèbres ont été érigés par trois démocraties qui prétendent à l'exemplarité politique (les États-Unis, l'Inde, Israël). Construire un mur peut se justifier de multiples façons, de la stabilisation d'une paix fragile sur une ligne de front ouverte à la volonté de se protéger de menaces diffuses (trafic d'armes, terrorisme, migrations illégales). Il ne reste alors plus que des spécialistes pour attirer notre attention sur ce qui se passe *à l'ombre du mur* : Cédric Parizot (anthropologue) et Stéphanie Latte Abdallah

La frontière mobile 39

(politologue) ont montré en effet comment le mur entre Israël et Cisjordanie, focalisant tous les regards, a empêché le grand public d'être attentif aux dispositifs de dépeçage de l'espace palestinien en deçà de la couverture médiatique.

De nombreuses frontières sont bien évidemment à la fois matérielles et dématérialisées, comme cela peut être mis en évidence à propos des barrières sanitaires. Celles-ci posent la question de circulations invisibles mais néanmoins identifiables, celles des organismes microscopiques, semences, germes pathogènes, ou encore particules en suspension. Leurs circulations sont traçables mais difficilement contrôlables, liées aux flux atmosphériques ainsi qu'aux grandes routes planétaires. Ce qui se joue en effet dans la modulation des régimes d'ouverture/fermeture de la frontière, c'est le déplacement des fonctions qui lui sont attribuées loin des lignes qui, sur nos cartes, la symbolisent.

Frontières en 3D

Le fait que les frontières traversent physiquement des espaces périphériques, c'est-à-dire éloignés des régions les plus peuplées et des centres de décision de grand nombre de pays, a certainement contribué à leur mise à l'écart de nos imaginaires. Les situations conflictuelles font exception. Dans ces cas, les gouvernements nationaux font tout ce qui est en leur pouvoir pour attiser le patriotisme de leurs concitoyens et l'orienter vers des segments frontaliers dont l'importance symbolique dépasse alors de loin le kilométrage. En Bolivie par exemple, les programmes scolaires répètent, à tous les niveaux de l'apprentissage des enfants, le bilan des pertes subies par le territoire national depuis l'indépendance et insistent surtout sur la privation d'accès à la mer suite à la défaite de 1884 contre le Chili, de façon à nourrir un objectif irrédentiste durable. Le retour récent d'un débat politique sur les Malouines en Argentine confirme que, dans bien des cas, la mobilisation de conflits anciens permet à des gouvernements en perte de vitesse de parier sur la fibre nationaliste pour remobiliser leur électorat.

Il ne s'agit pas ici de minimiser les conflits aux frontières, mais de souligner qu'il est aujourd'hui de plus en plus rare de se battre pour une frontière au sens où l'on a pu hésiter à « mourir pour Dantzig » au XXe siècle. La létalité des limites internationales contemporaines est en train de se transformer, pour atteindre des vies dans des périmètres de plus en plus éloignés de la ligne elle-même. L'ONG Human Security Report Project (qui recense annuellement les causes de mortalité violente dans le monde) a produit des graphiques éloquents pour démontrer que la violence interne (guerres civiles, génocides, terrorisme) a largement pris le pas sur les conflits internationaux. L'analyse de détail, notamment sur le continent africain nous oblige à néanmoins nuancer ces tendances, montrant qu'une grande partie des conflits qualifiés d'internes touche de fait des zones proches des frontières, comme en témoigne la zone d'action de Boko Haram au Nigeria.

Perdurent encore un grand nombre de conflits frontaliers ouverts, marqueurs de ce que la littérature a eu l'habitude de qualifier de « frontières chaudes » en les opposant aux « frontières froides », celles dont le tracé a fini par faire consensus. Un tableau récent des conflits frontaliers contemporains montre qu'ils relèvent de trois catégories : conflits de position liés à des interprétations divergentes de tracé, conflits territoriaux dus à des revendications rivales sur des périmètres régionaux, et conflits fonctionnels prenant naissance dans l'utilisation antagoniste des espaces limitrophes et de leurs ressources (typologie proposée dans *Border disputes. A Global encyclopedia* dirigé par Emmanuel Brunet-Jailly).

Mais si un petit nombre d'entre eux seulement est la cause de guerres, c'est qu'il s'avère que l'idée de ligne, et son corollaire, celle de zone-tampon ou de marche conçue pour protéger la limite, sont sans doute de moins en moins pertinents pour comprendre la géopolitique du monde contemporain. Ce raisonnement semble même valable dans le cas de conflits qui durent, autour de positions arc-boutées, comme c'est le cas dans l'Himalaya où les armées indienne et pakistanaise se font face dans des tranchées creusées dans le haut glacier du Siachen depuis 1984. Dans ce cas en effet, si aucun des deux États ne veut céder sur ce front, leur politique internationale à tous deux a pourtant depuis longtemps dépassé cette zone de crispation. Comme les villes contemporaines sautent par-dessus les quartiers paupérisés à coups d'autoroutes, pour s'étendre en archipel sur des régions métropolitaines élargies, les États contemporains construisent désormais leurs stratégies géopolitiques en réseaux.

Quand les limites internationales gardent leur capacité à faire la une de l'actualité internationale, c'est du fait de leur expansion dans des dimensions nouvelles, au sens physique du terme. Les frontières contemporaines ne sont plus des objets géographiques en deux dimensions que l'on peut poser sur une carte. Les grands processus d'appropriation territoriale s'étendent aujourd'hui à la fois au-dessus et au-dessous de la surface de la terre. Pour ce qui concerne l'espace aérien, cela ne recoupe pas uniquement la délimitation et le contrôle des périmètres de l'aviation civile et militaire, mais également des formes de législation environnementale (sur la question de la régulation des ondes téléphoniques par exemple) et, à plus grande distance, du possible découpage du mille-feuille altitudinal de notre ciel. Le droit international doit s'appliquer dans les 100 premiers kilomètres, ce qui correspond à l'espace aérien, dûment maillé. Les avions et autres aéronefs sont cependant censés voler au-dessus de 150 mètres d'altitude, laissant entre le sol et cette limite une bande réduite qui est l'objet d'une réappropriation intense depuis l'invention des drones. La perspective de leur multiplication induit une forte activité juridique à l'heure actuelle.

Au-delà de la turbopause, frontière supérieure de notre atmosphère, située entre 90 et 110 km de hauteur, de nouvelles questions d'attribution territoriale se posent. Au moment du lancement des premiers objets en orbite, certains pays ont souhaité exercer leurs prérogatives de passage et faire payer un droit de péage, revendication moins saugrenue qu'il n'y paraît lorsqu'on songe que ce sont des pays plutôt démunis qui étaient ainsi survolés par des satellites produits par le monde industrialisé… C'est finalement un cadre législatif proche de celui qui existe en mer qui régit l'espace depuis la validation des traités de 1967 et 1972 (textes concomitants des conventions sur le droit de la mer), établissant la responsabilité de l'« État lanceur » (une agence multilatérale, la *Space Data Association*, ayant pris le relais des États-Unis depuis 2009, pour gérer le nuage croissant de débris). Pour les satellites géostationnaires en orbite à 36 000 km d'altitude, se pose le problème de la distribution de fréquences d'émission, mission confiée à une agence onusienne, l'UIT (Union internationale des télécoms) chargée de distribuer des droits dont les titulaires demeurent les États lanceurs, même lorsque des groupes d'États comme l'Union européenne ou des opérateurs privés sont les propriétaires des satellites. Il faut être sur place pour conserver l'appropriation d'une fréquence : dans l'espace aussi, les frontières sont mobiles.

Se pose aussi le problème des frontières maritimes, plus proches de nous, mais presque aussi intangibles. Cette question est en train de profondément bouleverser la donne géopolitique. Les océans couvrent en effet 70 % de la surface de notre planète et seront sans doute le lieu d'une grande partie des conflits de notre avenir proche. Ils font l'objet depuis le début de l'époque moderne d'un débat politique opposant les partisans d'une mer

La frontière mobile 45

soumise à un contrôle territorial (au moment de la conquête des Amériques la bulle papale de 1455 obligeait à demander l'autorisation de navigation vers l'ouest au roi du Portugal, un principe qualifié plus tard de *Mare clausum*, « mers fermées », du titre de l'ouvrage de John Selden paru en 1635) à ceux d'une navigation libre. Les puissances européennes du nord de l'Europe prônaient, elles, un commerce maritime ouvert, le juriste Hugo Grotius proposant en 1609 de considérer la mer comme territoire international (*Mare Liberum*, « mers libres »). La Grande-Bretagne rivale répliqua à l'époque avec une loi interdisant aux marchandises d'entrer dans son royaume autrement que sur des vaisseaux anglais (1651). Les termes du débat étaient posés : dualité de choix entre eaux territoriales et internationales. La première tentative de délimitation fut précoce : Cornelius Bynkershoek proposa en 1702 de poser les limites maritimes à trois miles des côtes, une distance justifiée par la puissance de tir des canons de l'époque.

Les frontières maritimes ne redevinrent un sujet d'actualité internationale qu'après la Seconde Guerre mondiale et la création des Nations unies, avec l'ouverture en 1956 à Genève d'une première conférence sur le droit de la mer, dite UNCLOS 1 *(United Nations Conference on the Law of the Sea)*, suivie d'une deuxième conférence en 1960 : elles devaient définir les notions d'eaux territoriales, de plateau continental et de hautes mers, et promouvoir l'idée qu'une régulation internationale était nécessaire pour la bonne gestion des ressources vivantes de haute mer (thèmes qui firent l'objet de 4 conventions validées entre 1964 et 1966, mais pas par tous les participants). Certains pays des Suds, notamment ceux pour lesquels l'exploitation des ressources halieutiques était un pilier de l'économie nationale, étaient insatisfaits de cette première définition des eaux territoriales : militant pour la création de zones économiques exclusives, ils réussirent à convoquer, en 1973, une troisième conférence internationale qui déboucha sur la signature, en 1982, du texte de la Convention des Nations unies sur le droit de la mer (CNUDM en français, UNCLOS 2 en anglais, dite aussi Convention de Montego Bay ou CMB), dont l'application reste compliquée en raison d'un processus de ratification nationale lent. Ce cadre détermine la possibilité de frontières en trois dimensions : on mesure à la fois la distance des côtes (eaux territoriales dans une bande de 12 miles, zone économique exclusive de 200 miles) et la profondeur maritime, en fonction de l'idée selon laquelle la morphologie du plateau continental peut justifier l'extension du territoire

La frontière mobile

terrestre jusqu'à 350 miles marins de la côte (ce qui permet à l'État riverain d'exercer l'exclusivité de ses droits d'exploration et d'exploitation des ressources en minerais ou nodules métalliques, ou en ressources vivantes sédentaires). On se souviendra sans doute longtemps de l'expédition russe de 2007 qui planta un drapeau symbolique sous le pôle Nord, geste médiatisant la revendication de l'extension du domaine maritime russe sur 18 % de l'Arctique.

La souveraineté de l'État côtier décline à mesure que l'on s'éloigne des côtes : pleine et entière sur les premiers 12 miles marins, elle est étendue à des compétences douanières, mais aussi environnementales, jusqu'à 24 miles. Dans la zone économique exclusive (ZEE), l'État riverain est doté de droits souverains exclusifs qui concernent l'exploitation fonctionnelle des ressources (ce qui n'équivaut pas à une souveraineté pleine et entière : aucune juridiction n'est exerçable sur un bateau d'un autre pavillon qui contreviendrait aux réglementations internationales pour la pêche ou la pollution par exemple). Au-delà de ces limites, d'une part la « zone » des fonds marins a été promulguée patrimoine commun de l'humanité, d'autre part la haute mer est libre de navigation : le droit à convoquer est celui de l'État dont le navire porte le pavillon.

Depuis le tournant juridique de la promulgation de la CMB, les 70 % de la planète couverts par les océans sont désormais ouverts à la fabrication de frontières, mais aussi à toutes formes d'appropriation privée permise par le texte. La France se trouve ainsi dotée de 11 035 000 km² de territoire maritime (c'est-à-dire placée au deuxième rang mondial derrière les États-Unis sur ce plan) et par conséquent, de limites maritimes avec trente pays. C'est au nom de ce même droit, qui assoit des ressources maritimes énormes sur de petits bouts de terre, que des îles microscopiques – et pour la plupart non habitées – font l'objet de rivalités aiguës entre la Chine et ses voisins, Taiwan et le Vietnam pour les Paracels ou les Spratley par exemple, en mer de Chine. L'établissement des frontières maritimes est l'un des domaines du droit international les plus actifs aujourd'hui, les outils de positionnement satellite de type GPS permettant paradoxalement des négociations très fines alors que la démarcation est impossible sur le terrain. Les enjeux économiques sont tels que tous les pays n'ont d'ailleurs pas signé les textes internationaux (les États-Unis ont refusé de ratifier Montego Bay, notamment du fait des restrictions à l'exploitation des ressources du fond des mers établies par la convention). La géopolitique des mers concerne désormais à la fois la détermination des limites mais aussi leur protection : là où l'État côtier ne peut faire respecter le droit, l'intervention extérieure est-elle légitime ?

Frontières réticulaires

Si ces incursions à la Jules Verne, dans les airs et sous les mers, nous font mieux prendre conscience de la diversité des formes de la frontière contemporaine et de l'élargissement de ses dimensions, elles sont loin de nous livrer l'intégralité des enjeux liés à la spatialisation des limites. Le processus le plus marquant de l'évolution récente de nos frontières résulte du déploiement des fonctions qui leur ont été traditionnellement attribuées : celles-ci sont désormais exercées à la fois très en amont et très en aval de la limite elle-même. Ce phénomène achève de faire perdre à la frontière sa linéarité, il la « disloque », c'est-à-dire qu'au sens littéral, le rapport de la frontière au lieu est intimement bouleversé. Cette dispersion peut nous amener à parler de « pixellisation » de la frontière, selon l'expression des chercheurs Didier Bigo et Elspeth Guild. Elle est en effet rendue possible par des infrastructures technologiques qui relient entre eux un grand nombre de points de l'espace terrestre, de données et de codes qui, tous ensemble, font les frontières contemporaines.

Le trafic de marchandises doit répondre aujourd'hui à l'une des injonctions contradictoires majeures de la globalisation : la valeur créée vient plus de la circulation de l'objet que de sa production, il faut donc assurer au mouvement à la fois rapidité et sécurité, tant du flux lui-même que des opérations qu'il engendre. Le trafic de conteneurs est en hausse rapide depuis les années 1990, et plus encore depuis la création de l'OMC en 1995 : près de 500 millions de conteneurs sont échangés annuellement aujourd'hui (90 % du trafic mondial de marchandises), dont 26 millions transitent par les ports américains. Pour progresser dans la rapidité de manipulation et la sécurité, les États-Unis ont ainsi mis en place depuis 2002 une politique de diffusion de leurs points de contrôle des marchandises en amont de leurs propres façades maritimes, choisissant d'installer, dans un certain nombre de grands ports du monde désormais soumis à l'« Initiative sur la sécurité des containers » *(Container Security Initiative Ports)*, leurs propres infrastructures (personnel de contrôle et appareils, dont des scanners géants). Selon les documents de l'agence gouvernementale en charge des douanes, le *Bureau of Customs and Border Protection (CBP)*,

La frontière mobile 51

il s'agit d'« étendre [la] zone de sécurité à l'extérieur [*outward*] de sorte que les frontières des États-Unis deviennent la dernière ligne de défense, et non plus la première ». L'idée est bien de déployer une politique de sécurité en réseau, qui soit efficace sur l'ensemble des chaînes d'approvisionnement *(Supply Chain Security)*. Aujourd'hui, 58 ports étrangers, qui représentent 85 % du trafic de conteneurs à destinations des États-Unis, sont soumis à ce régime. Une logique comparable s'applique aux flux d'hommes et de femmes : les mêmes États-Unis ont obtenu de pouvoir procéder au contrôle d'identité à la frontière en amont du passage de la ligne pour un certain nombre de liaisons aériennes. Ce procédé, désigné du même nom de « preclearance », contenant à la fois l'idée de contrôle et celle de l'autorisation de passage nécessaire qui en découle, est actuellement en vigueur dans tous les grands aéroports canadiens et dans quelques autres pays volontaires pour tester le dispositif, l'Irlande ou les Émirats arabes unis par exemple.

Pour ce qui concerne le transport terrestre des personnes, des dispositifs bien plus complexes ont été mis en place depuis le milieu des années 2000 pour traquer les migrations illégales et arrêter les candidats au passage des frontières du monde occidental bien avant qu'ils n'aient pénétré les territoires de destination. L'Australie utilise ainsi une ceinture de petites îles qui, pour certaines, lui appartiennent en tant que « territoires externes », et pour d'autres, constituent des micro-États indépendants, pour maintenir les migrants à distance de son territoire. Mais l'Union européenne est sans doute celle qui a poussé le plus loin cette démarche de délocalisation de son contrôle aux frontières, à travers des processus appelés en économie des services d'*outsourcing*. L'Union européenne fait en effet reposer sa politique migratoire aux frontières sur une série d'acteurs non européens, publics et privés. Au-delà des restrictions en matière d'attribution de visas qui constituent des prérogatives souveraines des États, le Conseil de l'Europe a inventé une nouvelle fonction, celle des « officiers de liaison immigration » (ILO en anglais), dont le statut formalisé en 2004 permet l'intervention au sein de l'administration gouvernementale de pays tiers. Ces personnes sont donc déléguées par les États européens auprès des pays concernés pour faire évoluer leur cadre législatif interne en matière d'accès au passage des frontières : on demande de plus en plus aux pays de départ des migrations de participer au contrôle des flux. De plus, ces clauses de contrôle migratoire entrent désormais dans les conditions d'attribution de l'aide au développement : elles

La frontière mobile 53

constituent de plus en plus une clause préalable à l'attribution de financements (prêts pour le développement notamment) ou à l'intégration dans la « politique européenne de voisinage » (PEV). Le Pacte européen sur l'asile et l'intégration, signé en 2008, définit ainsi un « partenariat global avec les pays d'origine et de transit » qui a conduit certains pays partenaires, comme le Maroc, la Tunisie, et l'Algérie, à créer un délit inédit, celui d'« émigration illégale » pour punir ceux qui embarquent pour une traversée illégale de la Méditerranée.

Cela conduit à confier des tâches de contrôle d'identité, mais aussi de rétention et de refoulement à des pays non signataires des grandes conventions sur les droits de l'homme comme la Libye (Convention de 1951 sur le droit d'asile ; Conventions de 1974 et 1979 sur le respect de la vie en mer), une façon pour l'Union européenne de se déresponsabiliser des conséquences humaines de sa législation migratoire.

Ces orientations ont également conduit à des formes d'ingérence territoriale inédite de la part des acteurs européens eux-mêmes : la création de Frontex (Agence européenne pour la gestion de la coopération opérationnelle aux frontières extérieures) en 2004-2005 permet l'intervention de personnel européen sur le sol de tous les pays membres de l'Union, mais également au-delà. Cela s'est concrétisé par la mise en place en 2007 des patrouilles RABIT *(Rapid Border Intervention Team)* susceptibles d'intervenir en mer comme sur terre pour interdire l'entrée sur l'espace Schengen. Leurs coûteuses interventions (le prix d'interception par migrant peut grimper à plusieurs dizaines de milliers d'euros) font évoluer constamment les itinéraires migratoires, lesquels se réagencent en permanence pour les contourner.

Ces formes de délégation de contrôle se traduisent également par la privatisation d'une série de prérogatives liées à l'exercice de la souveraineté. Quand les compagnies de transport vérifient le statut des passeports et qu'elles les scannent au point d'embarquement pour permettre leur analyse pendant le voyage, elles contribuent à distendre l'espace-temps de la frontière et de son franchissement.

Ce que l'on observe dans ce premier mouvement d'exportation de la frontière à l'extérieur du domaine de souveraineté traditionnelle d'un État, c'est la transformation de la ligne en un nuage de points dont les liens tissés entre eux font réseau. La notion de contrôle acquiert une composante « dynamique », un mot mis en avant par les douaniers eux-mêmes, pour faire face à une perception de la menace en perpétuelle recomposition. De la même façon, à l'intérieur du territoire national, hommes et marchandises n'en terminent jamais de traverser la frontière. La notion de brigades de « douanes volantes » développée en parallèle à l'ouverture des frontières, dans l'Europe de Schengen notamment, implique un important redéploiement des effectifs douaniers vers l'intérieur du pays, pour intervenir dans les lieux de transit (aéroports, ports, gares ferroviaires) mais aussi, de façon plus large, sur la voie publique (c'est-à-dire sur les routes, mais aussi sur les trottoirs où des étals temporaires peuvent être disposés, voire sur des terrasses de café). La diffusion des contrôles d'identité par les forces de police suit la même tendance de dispersion non systématique et de plurifonctionnalité, les douaniers se voyant confier par extension cette compétence vis-à-vis du contrôle des personnes. En France, la vérification des papiers à vocation frontalière est limitée à une zone bordière des frontières terrestres ainsi qu'aux gares et aéroports « ouverts au trafic international » ; cela ne préjuge pas que des contrôles effectués à d'autres fins puissent aboutir à la mise en cause du séjour sur le sol français. Aux États-Unis où le rapport aux papiers d'identité est bien différent du nôtre et où le permis de conduire a longtemps suffi à ce titre, le vote en Arizona, en 2010, d'une loi (« sur le renforcement de l'application de nos lois et de la sécurité de nos quartiers », *Support Our Law Enforcement and Safe Neighborhoods Act* ; Arizona SB 1070) obligeant les habitants à toujours avoir sur eux des papiers prouvant leur statut migratoire, et érigeant en nouveau délit celui de ne pas pouvoir les présenter, a fait controverse. Cela n'a pas empêché un grand nombre d'autres États du pays d'adopter des textes similaires.

À travers l'exercice des contrôles des flux, la mobilité de la frontière se diversifie, dans ses modalités comme dans ses spatialités : pour continuer à faire limite, des points ne peuvent remplacer des lignes que si, et seulement si, ils sont reliés entre eux autrement. Les frontières contemporaines fonctionnent donc comme des systèmes de données dont l'efficacité repose sur les possibilités de gestion interopérationnelle. « Une bonne frontière, ce sont de bonnes bases de données », selon les paroles d'un haut fonctionnaire de la police aux frontières (PAF) : ce qui est contenu dans les puces RFID (fonctionnant par radiofréquence) de nos papiers d'identité biométriques, ce ne sont pas uniquement des informations sur notre identité génétique (iris et rétine, empreintes digitales). Une série de données sur nos comportements sociaux (de voyage, de consommation, etc.) sont susceptibles

La frontière mobile

d'être collectées et croisées. Si tant est que les frontières soient devenues « intelligentes » (on parle en anglais de *smart borders*), c'est moins du fait du déploiement de technologies de pointe (censeurs de mouvement, de chaleur, caméras à visée nocturne, drones, etc.), que de la capacité croissante que nos ordinateurs ont de traiter ensemble les informations collectées par ces instruments.

Ces nouvelles frontières posent donc deux séries de problèmes. Celui de la protection des données semble à première vue le principal : on ne peut pas vous voler votre iris, mais il existe de multiples manières de faire circuler et détourner des bases de données, hors des cadres légaux (des hackers ont ainsi montré lors de la dernière convention annuelle du Chaos Computer Club en décembre 2013 qu'ils étaient capables de détourner des empreintes digitales, pourtant conçues comme un élément biométrique infailliblement lié à une identité). Une analyse plus poussée révèle que c'est dans les modalités de croisement de données que les failles sont potentiellement les plus lourdes de conséquences : ces systèmes reposent sur des processus concomitants de centralisation et décentralisation, les informations étant traitées en fonction d'algorithmes complexes. Outre que les formules de calculs reposent sur des présupposés humains (un phénotype caractérisant une peau colorée est associé à un potentiel de danger plus important), il ne faut pas oublier que les algorithmes ont une vie propre qui les conduit à aboutir de façon aléatoire à des erreurs, et surtout à interagir ensemble de façon inattendue. Les projets de recherche européenne réunissant acteurs civils et militaires travaillent sur la mise au point de robots capables de détecter la présence d'hommes ou de véhicules et d'analyser leur potentiel de risque : les prototypes produits par le consortium TALOS *(European Union Border Protection System)* ont été conçus pour ne pas porter d'armes, mais ils poseront à l'avenir les mêmes problèmes d'éthique que les drones aujourd'hui.

Si traditionnellement la frontière fut conçue comme une enveloppe protectrice, on voit à quel point l'évolution de ses formes et fonctions peut la transformer en menace : on peut ne jamais finir de la traverser et se retrouver prisonnier de la frontière. Assumer que la frontière soit toujours en train de s'ouvrir et de se fermer, en perpétuel déséquilibre, c'est aussi admettre que ce lieu de différenciation constitue un lieu de « différance » : quand Jacques Derrida substituait la voyelle *a* au *e* dans ce mot, il transformait le nom en expression

La frontière mobile 59

verbale, soulignant tout à la fois la nécessité de prendre en compte la nature processuelle de notre construction identitaire et la violence contenue par cette instabilité. S'expose alors pour l'État une contradiction aux conséquences graves, la frontière devenant le « lieu où le "monopole de la violence légitime", prend la forme d'une *contre-violence préventive* » (É. Balibar).

LA FRONTIÈRE RESSOURCE

DE LA FRONTIÈRE QUI DIVISE À LA FRONTIÈRE QUI RELIE

Ce premier tour d'horizon pourrait donner l'impression que les frontières sont des éléments volatils. Il s'agit de montrer dans cette deuxième partie que leur malléabilité n'est pas sans laisser de marques, visibles, affectives, mémorielles : les limites internationales indurent la surface de la terre. La métaphore de la peau est bien souvent convoquée pour comprendre les frontières, notamment dans leurs fonctions de protection filtrante : l'idée de cicatrice me semble mieux à même de rendre compte de l'interprétation que je souhaite en livrer ici. Le plus souvent en effet, la cicatrice est synonyme de réparation, le contact entre les tissus se reconstitue et la trace est minime ; mais quand il faut « des points de suture » pour faire tenir ensemble ce qui est lacéré, couleur rouge et granulosité de la peau témoignent de l'impossibilité d'un retour en arrière.

On a souvent dit que les frontières étaient les limites du territoire, qu'elles le bornaient : les cartes, aujourd'hui encore, témoignent de « blancs » de l'autre côté de la ligne comme si rien n'existait derrière une frontière. De façon plus générale, il faut tout de même affirmer que les frontières fabriquent du territoire autour d'elles. Peut-on systématiquement parler de région frontalière ? Certains pays ont décrété officiellement que la bande de leur territoire qui longeait la frontière devait faire l'objet d'un traitement différencié, sur une largeur pouvant atteindre 150 km pour la « *faixa de fronteira* » du Brésil. Les mesures concernant ces zones touchent aussi bien la sécurité au sens militaire que des questions d'emprise foncière (possibilité régulée d'achat de terres par des citoyens du pays voisin) ou de taxation commerciale (avec notamment des zones franches). Ces décisions officielles confirment, si besoin en était, que l'inscription de la frontière dans un territoire est susceptible de le transformer en profondeur, depuis les pratiques quotidiennes jusqu'aux politiques publiques. Il faut alors parler de région frontalière (voir en anglais, le concept de *borderlands*), c'est-à-dire affectée par le passage du dispositif politique frontalier, qu'il soit ligne ou nuage de points.

Une région frontalière voit en effet son fonctionnement s'infléchir pour s'adapter aux transformations induites par le passage de la ligne, sur le court et le long terme. Sur le court terme, on assiste

La frontière ressource

à de multiples adaptations aux différentiels produits par la présence de la frontière – qui vont du vide au trop-plein. L'institution liminale peut en effet se traduire par le gel de l'accès, dans l'idée que les « espaces tampons » (ou *buffer zones*) réduiront la conflictualité en maintenant les parties prenantes à distance. Sur le temps long, quand le stigmate peut enfin être retourné, le fait que l'accès aux espaces de la frontière ait été restreint pendant de longues années finit par produire des périmètres écologiques remarquables. Que l'on se souvienne des lapins qui couraient au pied du mur de Berlin ou que l'on évoque la faune « sauvage » de la ligne de démarcation entre les deux Corées (que les centres touristiques font découvrir aux visiteurs de la DMZ, *demilitarized zone*), on comprend comment la frontière peut devenir, malgré elle, un lieu de conservation. Paradoxalement, ces zones périphériques mises en réserve par les militaires peuvent être facilement réinvesties pour être insérées rapidement dans la globalisation, notamment par des formes de mise en valeur croisée, avec des circuits touristiques transfrontaliers. Ce phénomène s'observe depuis les montagnes polonaises qui servaient de support aux limites de la guerre froide jusqu'aux volcans andins au pied desquels les dictatures rivales semaient des mines antipersonnel dans les mêmes années 1970.

On passe d'une époque où la nature servait d'argument pour diviser les territoires à une période où elle devient le lieu qui rend la coopération possible. La « naturalité » invoquée au XVII siècle pour justifier la compartimentalisation du monde vient renforcer, à l'aube du XXI siècle, sa gestion transfrontalière, voire transnationale. Partout l'argument des « biens communs » *(common goods)* fait son chemin, les ressources naturelles devenant l'un des arguments les plus courants pour justifier les coopérations transfrontalières et leur institutionnalisation.

Dans la mesure où la frontière est une construction sociale qui n'est jamais *ex nihilo*, il faut toujours la comprendre dans ses liens avec les territoires qu'elle traverse. Selon les cas, les limites politiques coïncident plus ou moins avec les cultures et les langues, si tant est que ces dernières caractéristiques s'appuient sur des périmètres cartographiables. La limite linguistique entre l'italien et l'allemand se trouve aujourd'hui à quelques dizaines de kilomètres de la frontière avec l'Autriche, à la sortie de la vallée du Haut Adige (Sud Tyrol), ce qui induit des formes de multilinguismes que les États-nations ont mis du temps à reconnaître… Sans doute parce qu'elles obscurcissaient la fiction politique que constitue l'idée d'État-nation, les minorités linguistiques ont fait l'objet de véritables campagnes de purification, notamment sous la IIIᵉ République française. L'administration de notre pays s'est aussi longtemps méfiée du bilinguisme, notamment aux frontières avec l'Allemagne, alors qu'elle le promeut aujourd'hui.

À plus long terme, se produisent des reconfigurations complexes de l'organisation des territoires. Pour ce qui concerne les frontières « naturelles » par exemple, il faut se souvenir que cours d'eau ou alpages et cols d'altitude constituaient des points de convergence des communautés rurales traditionnelles : ils étaient utilisées de façon commune entre les rives et les pentes jusqu'à ce que des lignes politiques viennent perturber les façons de vivre et de circuler dans ces espaces. Il n'en demeure pas moins que des établissements humains de tailles variables existaient parfois, de façon antérieure aux traités frontaliers, et qu'ils ont constitué ensuite des lieux d'interface intéressants. Pendant la prohibition aux États-Unis, les petites villes du nord du Vermont connurent ainsi un regain d'attraction, notamment grâce à l'usage de maisons qui avaient leurs portes au sud de la frontière et leurs pièces principales au nord, ce qui permettait donc de consommer de l'alcool au Québec en toute légalité, et sans avoir été vu en train de traverser (illégalement) la frontière ! Des actifs peuvent être présents dans une région sans être exploités, ni même considérés comme porteurs de valeurs. C'est l'activation de ces ressources par la présence de la frontière qui explique le développement de flux, notamment commerciaux, légaux et illégaux fondés sur la différence de prix entre des marchandises équivalentes, ou sur l'offre différenciée de part et d'autre de la limite. L'effet-barrière est à l'origine de la création des marchés nationaux qui justifient en retour économiquement l'existence des frontières. À l'échelle locale, et à proximité de la limite, ces traversées multiples et complexes créent donc la région frontalière, espace auquel il est très difficile de donner des limites.

Les différentiels créés par la frontière font d'elle une ressource multidimensionnelle. La figure du contrebandier lui est intrinsèquement liée, la construction de la norme appelant son contournement. En France, c'est généralement la mémoire de Louis Mandrin que l'on convoque pour rappeler l'intensité historique de ces flux frontaliers illégaux, sans s'appesantir sur sa biographie. On oublie en effet qu'il débuta sa carrière en tant qu'employé de la Ferme Générale, c'est-à-dire de l'administration fiscale de l'époque, pour basculer ensuite vers des trafics plus rémunérateurs. L'anecdote vaut pour rappeler que dans les zones

La frontière ressource

souvent périphériques que traversent les frontières d'État, les ressources économiques peuvent être rares en l'absence de développement urbain ou industriel, et que la frontière sert alors à nourrir les familles de multiples façons. Il n'est pas rare en effet de trouver, aujourd'hui encore, dans les mêmes familles, des contrebandiers et des gardes-frontière !

L'économie transfrontalière se déchiffre dans un jeu complexe entre les échelles : consommation de proximité (pour les Français, ravitaillement d'essence au Luxembourg, d'alcool à Andorre), mais aussi de diffusion des produits globaux en fonction de l'ouverture des différents États à la globalisation. On voit ainsi les produits chinois diffuser dans les marchés frontaliers des pays andins *via* l'approvisionnement dans les zones franches côtières, péruviennes et chiliennes. Ce type de commerce engendre des flux dont l'organisation peut être contre-intuitive. Une très grande partie des traversées de la frontière entre les États-Unis et le Mexique se fait sur le temps de loisirs des classes moyennes de Tijuana qui vont consommer de l'autre côté de la frontière les produits de marque qui les attirent : la première chose que l'on trouve au pied du côté états-unien du « mur », ou plus précisément du complexe frontalier de San Ysidro, c'est un énorme centre commercial dont le périmètre est en pleine croissance.

Le cas du commerce des marges frontalières africaines est paradoxal : la « fermentation commerciale » (Karine Bennafla, spécialiste des flux informels aux frontières d'Afrique et du Proche-Orient) que l'on y observe apparaît en contradiction avec le relatif retrait du continent des flux du commerce mondial. Certes, le fait que les limites internationales aient, là plus qu'ailleurs, été tracées sans respecter les contours des groupes ethniques, a pu fournir aux habitants des ressources familiales, claniques, ou simplement de langues et de coutumes, qui leur permettent de mobiliser facilement des réseaux transfrontaliers ou de jouer sur les routes caravanières traditionnelles. Les analyses récentes de ces marchés frontaliers montrent cependant qu'il faut se garder de les comprendre comme des manifestations passéistes de liens traditionnels. Les échanges y sont aujourd'hui tenus par des vieilles familles de négociants (comme les Alhadji du Nord-Cameroun) mais aussi par de nouveaux grands entrepreneurs transnationaux. Les flux, tant officiels qu'informels, dépendent bien sûr des différentiels politiques, mais aussi des marchés internationaux. Les fèves de cacao circulent ainsi entre Ghana et Côte d'Ivoire, dans un sens ou dans l'autre, en fonction des prix d'achat aux producteurs et de l'évolution du taux de change entre franc CFA et Cedi. L'orientation du développement du Gabon vers les ressources pétrolières a conduit le pays à délaisser les productions agricoles, qu'il importe désormais du Cameroun voisin. Ces contextes se caractérisent certes par une faiblesse de l'encadrement étatique qui favorise la porosité des frontières : mais Karine Bennafla dénonce les « discours de Cassandre quant aux perspectives de désintégration territoriale en Afrique ». Selon elle, il s'agit d'un scénario peu probable, car au contraire « la subversion économique des frontières consolide les territoires d'État » dans la mesure où ces marchés frontaliers ne peuvent exister sans bonnes connexions, notamment routières, avec les « centres de ravitaillement et d'approvisionnement intérieurs ». Autrement dit, les États africains, sans maîtriser tout ce qui se joue sur leurs interfaces, en contrôlent le devenir bien plus qu'il n'est courant de l'imaginer. Dessiner comme bien souvent ces marchés sous forme de cercles à l'intersection de frontières linéaires, c'est oublier l'insertion des marchés africains dans des dynamiques de plus en plus globales.

De façon paradoxale, ces dynamiques existent encore aux frontières des États dits « faillis », c'est-à-dire quand l'institution qui a fondé les limites et qui est censée en assurer le maintien vacille. Ainsi aux limites du Soudan, de l'Ouganda et de la République démocratique du Congo, s'est constituée une région que le politologue Wolfgang Zeller a appelée le « Sugango » : elle échappe à la souveraineté de droit des États riverains pour tomber sous la souveraineté de fait des acteurs qui y dirigent toutes sortes de trafics, un espace sans limites externes précises mais qui se définit par les frontières qui le traversent. Après l'établissement des frontières lors de la décolonisation, les échanges familiaux, sociaux, culturels ont perduré autour d'échanges commerciaux vivaces. Les conflits récents et récurrents dans le nord de l'Ouganda, le sud du Soudan ou l'ouest de la RDC ont conduit une partie des populations à se militariser (milices privées et militaires pour protéger les convois, mise en place des checkpoints mobiles sur les axes de circulation), tant le pillage des ressources naturelles (or, diamant) dans la région est lucratif. De nombreux gouvernements de la région sont tenus par des partis issus de groupes armés qui ont obtenu le pouvoir par la force, contribuant à la confusion entre troupes nationales et rebelles. Ces événements se produisent dans un contexte qui dépasse de très loin l'échelle régionale : le gouvernement ougandais, soutenu par les États-Unis et d'autres puissances occidentales, a financé les rebelles du

SPLA, *Sudan People's Liberation Army*, alors que Khartoum était alimenté en armes par la Chine, et finançait en partie le mouvement rebelle ougandais, la *Lord's Resistance Army* ou LRA, pour déstabiliser son voisin soudanais. Bien des habitants du Sugango n'ont pas une idée claire de leur citoyenneté (la différence entre réfugié et déplacé interne devient, elle aussi, caduque), même si la zone évolue vers une normalisation de ses frontières depuis l'avènement du Sud-Soudan.

Dans tous les cas que je viens de passer en revue, la ressource économique dépend du différentiel frontalier. On observe cependant une série de processus au cours desquels c'est la symbolique même de la limite qui en vient à être valorisée, au nom du bien commun. Récemment, on a ainsi pu promouvoir l'utilisation des artefacts matériels de conflits passés : cela a conduit à transformer, en les « patrimonialisant », les tranchées, fortins et bunkers des guerres européennes du XXe siècle. Ces mécanismes font facilement fi des « détails historiques ». En Maurienne, des citadelles construites pour lutter contre la France, et financées grâce aux indemnités de guerre versées par elle-même au royaume de Piémont-Sardaigne à l'issue de sa défaite lors des guerres napoléoniennes, sont désormais intégrées à des circuits aux noms évocateurs. Les forts de l'Esseillon sont ainsi devenus des « sentinelles des Alpes ». Du même coup, la montagne quitte son statut de principe de division pour devenir argument de coopération.

La frontière comme outil d'action publique : les politiques transfrontalières dans le monde

Comment passe-t-on du frontalier au transfrontalier ? Au-delà de cette question qui peut paraître technique se joue en effet un enjeu d'intentionnalité. L'un et l'autre mot rendent compte de ce qui traverse la frontière, des dynamiques engendrées par les limites. Dans un précédent travail, j'avais défini le transfrontalier – insistant sur les pratiques engendrées par la fabrication de normes – comme « ce qui se passe à la frontière quand la ligne séparatrice ne prétend plus bloquer les pratiques et le sentiment d'appartenance » (A.-L. Amilhat Szary et M.-C. Fourny). Pour aller plus loin il faut parvenir à mieux expliquer ce qui peut faire l'appartenance et créer des communautés qui coexistent de façon complexe avec l'État-nation.

L'intégration transfrontalière fonctionne selon une alchimie complexe qui mêle facteurs fonctionnels

La frontière ressource 75

et institutionnels. Par fonctionnels, on entend tous les mouvements qui traversent la frontière sans que leur initiative soit régulée : on peut placer dans cette catégorie les investissements des entreprises à l'étranger mais aussi les flux de travailleurs frontaliers attirés par les différentiels salariaux, et ceux qui les accompagnent souvent en sens inverse, de quête de logements à des prix plus abordables. Aux frontières du Grand-Duché par exemple, plus de 81 000 travailleurs français, principalement lorrains, franchissent quotidiennement la frontière pour aller travailler au Luxembourg et, dans le même temps, la périurbanisation s'étend vers les régions allemandes voisines : le nombre de frontaliers allemands qui résident à proximité de la frontière luxembourgeoise est passé de 10 000 en 1994 à 40 000 en 2014, autour de la commune de Triers notamment. L'institutionnalisation va consister dans l'accompagnement de ces processus par un cadre collectif pouvant aller jusqu'à l'élaboration d'outils législatifs adaptés. D'une certaine façon, le fait d'entrer dans une dynamique de projet collectif (recherche de formes de gouvernance d'une agglomération binationale, mais aussi création d'une chambre de commerce partagée, etc.) est un bon signe d'une intégration transfrontalière qui s'institutionnalise.

Dans une tentative de modélisation qui a beaucoup retenu l'attention des experts de l'analyse des frontières, Emmanuel Brunet-Jailly, universitaire canadien, a identifié quatre facteurs dont la présence détermine l'existence et l'intensité des dynamiques transfrontalières. Il évoque bien sûr l'existence de politiques transfrontalières multiscalaires (mises en œuvre par les différents échelons d'un État décentralisé ainsi que par des institutions supranationales, d'intégration continentale, sans oublier les initiatives régulatrices du secteur privé), mais en insistant sur le fait qu'elles ne peuvent exister sans relais d'influence locale (en anglais, il utilise un mot très difficile à traduire en français, celui de *clout,* qui donne l'image d'un nuage – *cloud* – d'initiatives) sous la forme d'organisation de la société civile pour relayer, promouvoir, mais aussi initier les projets. Il montre enfin que, plus denses sont les relations non institutionnelles, plus ces dernières auront de portée, mettant en valeur deux derniers facteurs : l'existence d'une culture locale transfrontalière (quand des élements d'identification communs traversent la ligne, de la langue à l'appartenance ethnique ou religieuse, contribuent à fabriquer un sentiment d'appartenance régional puissant) et celle d'une dynamique portée par les forces du marché (flux commerciaux, mais aussi d'investissement, etc.). Ce qui rend son modèle particulièrement intéressant c'est qu'il l'a élaboré dans le contexte d'une réflexion sur la sécurité aux frontières, pour aboutir à un résultat à première vue étonnant : quand les quatre facteurs identifiés existent et sont valorisés, c'est là que les citoyens sont les mieux protégés. La sécurité est d'autant mieux assurée que la frontière est perméable.

Les ressources que recèlent les frontières n'ont pas échappé aux acteurs décisionnaires qui en ont fait l'objet de politiques publiques : nombreuses, elles sont aussi très différenciées à l'échelle du globe. Dans un contexte global de compétitivité territoriale où les régions doivent se différencier pour ne pas décrocher, il devient plus facile pour les acteurs de réinterpréter la frontière, de la considérer désormais comme une ressource plutôt que comme un handicap. Dans ce cas, la contractualisation ne peut pas être conçue comme la seule expression possible de relations transfrontalières. Il s'agit ici d'explorer tous les types de liens qui fondent non plus des espaces frontaliers, simplement traversés par la limite, mais de véritables territoires transfrontaliers, c'est-à-dire articulés autour des formes de coopération que le passage de la frontière peut engendrer. Il faut en effet éviter de considérer que le modèle de l'intégration transfrontalière que nous connaissons en France, soutenu par des fonds *ad hoc* redistribués par l'Union européenne, est universel. Dans la plupart des régions du monde, la part des acteurs privés est essentielle dans les mécanismes de coopération qui s'établissent de chaque côté de la frontière. L'appréciation varie bien sûr en fonction des critères retenus : les calculs d'intégration économique montrent que c'est probablement la région des Grands Lacs, entre Canada et États-Unis, qui est la plus intégrée au monde en termes de fonctionnement industriel et commercial, loin devant les indices des régions européennes économiquement les plus actives, notamment autour des grandes agglomérations transfrontalières comme celles du Grand Lille/Courtrai, voire de celles qui sont dotées de structures politiques de gouvernance internationale comme celle de Bâle/Mulhouse.

Il existe plusieurs formes d'appui à ces dynamiques, consistant à modifier les régimes de droit dans les zones de frontière, soit pour les alléger (systèmes de franchises) soit pour les compléter (systèmes d'aides). Le système des franchises est le mieux connu, opposant traditionnellement des zones franches d'exportation (industrielles) à des zones franches d'importation (commerciales). C'est à la frontière entre le Mexique et les États-Unis qu'il a été développé de la façon la plus

La frontière ressource

poussée sans doute, avec la création d'un système d'exemption de taxes pour la circulation de marchandises destinées à traverser deux fois la frontière. Il s'agissait en effet de permettre aux pièces détachées d'entrer au Mexique sans être taxées, d'y être assemblées, puis réexportées vers les États-Unis sous la forme d'un produit fini imposable seulement sur une valeur ajoutée minimale, puisque calculée sur la base d'un coût du travail extrêmement faible. Le programme des *maquiladoras* est né en 1965, avec la création de cinquante premières usines de ce type. Leurs conditions de fonctionnement se sont étendues avec l'entrée en vigueur du traité de libre-échange nord-américain (NAFTA) et elles étaient 3 200 en 1999, employant 1,2 million de personnes. Leur nombre s'est stabilisé avec la crise du début du XXIe siècle et leur avenir sera lié à leur capacité d'adaptation : ce modèle économique reposait en effet sur le lien entre un régime tarifaire et la proximité physique de la frontière qui réduisait les temps de transport.

À l'heure où la part du transport continue de chuter dans la valeur finale des marchandises, la situation des *maquiladoras* de la frontière États-Unis/Mexique pose problème : celles-ci se trouvent en effet dans une situation paradoxale de « centralité périphérique », au centre géométrique du continent, mais loin des grands centres de consommation auxquels elles sont reliées par des infrastructures de transport déficientes. On assiste aussi à une diffusion des conditions fiscales inventées pour les *maquiladoras* dans des lieux de plus en plus éloignés des frontières, notamment autour des aéroports d'Amérique centrale, qui se trouvent de ce fait en position de diffraction de la frontière initiale. Ce type de situation où le transfrontalier exploite la dissymétrie explique la possible reproduction de ce modèle, notamment sur l'une des frontières les plus fermées de la planète : un complexe industriel s'est en effet développé à Kaesong, en Corée du Nord, à proximité immédiate de la zone de cessez-le-feu entre les deux Corées. Malgré les soubresauts politiques (et la crise diplomatique qui a entraîné la fermeture partielle des 123 entreprises entre avril et septembre 2013), la zone industrielle fonctionne depuis 2004 pour les grandes entreprises technologiques sud-coréennes qui envoient leurs cadres traverser quotidiennement deux fois la frontière pour diriger les équipes de travailleurs du nord.

La majorité des politiques transfrontalières trouve sa justification dans la recherche de correction d'un stigmate : comment faire en sorte que des régions physiquement localisées en situation périphérique ne soient pas condamnées à rester marginales dans les dynamiques économiques, mais aussi culturelles ou politiques ? C'est certainement l'Europe qui a construit la politique d'accompagnement de la coopération transfrontalière la plus poussée. Celle-ci s'insère dans le souci des institutions européennes de ne pas construire un territoire « en gruyère » qui laisserait derrière les espaces les moins compétitifs et de promouvoir leur « rattrapage ». Il s'agit aussi de gérer les relations des régions qui revendiquent leur autonomie dans un cadre qui dépasse celui des États qu'elles contestent. Si des initiatives concrètes et ponctuelles ont été remarquées dès les premières années du mouvement d'intégration (aéroport partagé de Bâle-Mulhouse ouvert en 1946 ; première « Eurorégion » à la frontière germano-néerlandaise, autour de la ville de Gronau, en 1958), ce mouvement s'institutionnalise progressivement avec la création de fonds sectoriels, notamment en 1976 le Fonds européen de développement régional (FEDER) aux aides duquel un grand nombre de régions frontalières peuvent prétendre.

Ce n'est qu'à partir des années 1980 (et de l'inscription de la coopération dite « transfrontalière » à l'agenda officiel de l'Europe dans la convention-cadre de Madrid, signée en 1980 et ratifiée en 1981) que les collectivités territoriales sont officiellement invitées, pour développer leurs échanges, à conclure des accords interétatiques. L'étape opérationnelle a été franchie en 1990, quand la Commission européenne a initié les programmes de coopération Interreg, en ouvrant aussitôt l'accès aux régions situées aux limites extérieures de l'Union. Ce programme connaît sa cinquième période de programmation (2014-2020). Depuis 2006, l'Europe a complété son dispositif par l'invention d'une solution juridique internationale, le « groupement européen de coopération territoriale » (GECT), mise au pont afin de faciliter la réduction des barrières administratives en situation transfrontalière.

D'une approche de rattrapage régional, on est passé en effet à une vision en termes de cohésion territoriale, qui permet de jouer sur les échelles : il existe au sein du dispositif européen Interreg des projets transfrontaliers (Interreg A), mais aussi transnationaux, opérant sur des zones plus vastes comme les macrorégions (Interreg B), voire de mise en réseaux thématiques entre des régions (Interreg C). L'Union européenne a investi beaucoup de moyens dans ces politiques régionales. Le budget alloué pour la période actuelle est de près de 9 milliards pour la coopération territoriale, dont 75 % des fonds pour le transfrontalier, le reste étant distribué entre le transnational et l'interrégional.

Seule une petite part (3,5 % de ce montant global, soit 359 millions d'euros) va aux programmes Interreg. Malgré ses proportions limitées et la complexité de la mise en œuvre de ces initiatives pour les collectivités concernées (les Interreg exigent de la technicité de montage de projet et des capacités financières de cofinancement), ce montant a néanmoins un impact non négligeable pour les régions concernées. Les dispositifs équivalents dans d'autres périmètres d'intégration continentale comme, au sein du marché commun d'Amérique latine, le Mercosur, le Fonds de convergence structurelle (FOCEM), ne sont en effet pas dotés de budgets propres. La capacité opérationnelle qui repose sur le fonctionnement redistributif de l'Union européenne est extrêmement efficace dans les régions frontalières. Il serait trop long ici de revenir sur le détail du fonctionnement des projets réalisés dans ce cadre, mais on peut néanmoins souligner que, sur le terrain, les acteurs tiennent beaucoup à ces projets, même quand leur périmètre est réduit, notamment dans le cas particulier des « *P2P (People-to-people projects)* », dont l'efficacité sociale et politique est aujourd'hui reconnue.

L'activité de coopération transfrontalière s'avère donc non seulement un élément d'intégration territoriale locale mais également un levier de paradiplomatie, c'est-à-dire qu'elle contribue de façon non négligeable aux stratégies diplomatiques. Depuis les années 1990, on a assisté à une grande activité transfrontalière aux frontières externes de l'Union européenne, accompagnant les phases récentes d'élargissement et définissant la politique de voisinage. Plus de 70 Eurorégions sont ainsi nées sur le pourtour oriental de l'Europe : « territoires le plus souvent autoproclamés de coopération régionale à travers une ou plusieurs frontières » (Anaïs Marin), elles ont permis de gérer les espaces de postconflit en Europe médiane (notamment dans les Balkans) et l'intégration des espaces postsoviétiques. L'outil transfrontalier fait aussi l'objet de missions d'expertise en collaboration internationale, notamment en Amérique latine et en Afrique, où l'Association des régions frontalières européennes (ARFE) a participé, aux côtés des chefs de gouvernement du continent, à fonder une « Journée africaine des frontières » matérialisant depuis 2010 les avancées du Programme frontière de l'Union africaine et la priorisation de la coopération transfrontalière par les gouvernements concernés.

Le cas des parcs transfrontaliers africains, cas particulier de ce que l'agence des Nations unies pour les espaces protégés appelle les TBPA *(transboundary protected areas)* illustre de façon explicite le retournement du stigmate en ressource. Dans le cadre d'hypothèses de conflit, de nombreux espaces avaient fait l'objet de mesures de protection de la nature qui déguisaient leur statut de glacis militaire. Du fait de l'universalité des argumentaires construisant les coopérations sur le partage de la nature, le changement de paradigme sécuritaire les place au premier rang de possibles développements transfrontaliers qui concernent dès lors des acteurs très nombreux. Dans de nombreux cas, les bénéfices de l'intégration échappent en effet aux populations concernées, lesquelles ont du mal à capter les flux financiers générés par la fréquentation touristique internationale et à s'approprier des mécanismes de gouvernance que les grandes ONG environnementales et les bailleurs du développement international contrôlent. Cet exemple illustre l'internationalisation croissante de l'économie de la frontière.

L'économie de la surveillance de la frontière, un marché en expansion

Les frontières sont généralement considérées comme un espace politique, dont il est courant d'examiner également les aspects sociaux et culturels perçus comme connexes, mais secondaires. Dans la littérature économique traditionnelle, elles sont définies par les différentiels qu'elles produisent, sources de ressources potentielles, activables de multiples façons, légales comme illégales. Il est sans doute moins courant d'analyser la frontière comme un écosystème d'affaires propre, fonctionnant selon des intérêts, des liens et des normes qui lient une multitude de partenaires dans une optique stratégique. Il apparaît cependant que les mécanismes d'ouverture et de fermeture identifiés ici, de *debordering* et de *rebordering* donc, constituent de plus en plus des sources de revenus propres pour des séries d'acteurs œuvrant en réseau, de façon à pouvoir intervenir non seulement des deux côtés d'une frontière, mais aussi sur différentes frontières du monde. On peut distinguer aux frontières une économie des services de la traversée (du passage clandestin comme de l'obtention des papiers), une économie pénitentiaire (visant à gérer ceux qui sont détenus du fait d'infractions aux lois frontalières), une économie technologique (portant sur le développement de solutions intégrées de contrôle d'une très grande technicité) et enfin une économie de la recherche (productrice de discours plus ou moins canalisés sur le phénomène frontalier).

La frontière ressource

L'économie des services a été définie par le sociologue américain Ruben Hernandez comme élément fondateur d'une véritable « industrie de la frontière ». Son analyse a le mérite de placer sous le même angle d'analyse les ressources générées par la surveillance (dont les volets pénitentiaires et technologiques sur lesquels je reviendrai ci-dessous) avec celles qui proviennent des intermédiaires du passage. Il met ainsi bien sûr l'accent sur la valeur économique du contournement clandestin des frontières et des bénéfices engendrés pour les réseaux qui en ont acquis le contrôle, mais également sur les étonnants compagnons de route des politiques migratoires que représentent les « facilitateurs » du passage et les ONG de secours aux naufragés de la frontière. Les bénéfices potentiels de ce secteur sont en hausse constante : il faut vivre à Paris, proche de toutes les ambassades, pour n'avoir jamais payé d'intermédiaire pour obtenir un visa touristique et s'être horrifié des tarifs prohibitifs pratiqués par ces officines… Autant dire que, pour obtenir les sésames d'une migration officielle quand on habite non pas l'espace Schengen (dont le passeport ouvre des droits effectifs à la circulation mondiale…), mais un pays où l'accès aux ambassades du nord est physiquement complexe (files d'attente de plusieurs jours notamment), il devient rapidement intéressant de s'adresser à des commissionnaires. Leur offre se fonde dès lors à la fois sur l'amélioration des conditions pratiques de l'obtention des papiers mais aussi sur leur connaissance fine des textes législatifs en vigueur. On sait aussi que l'interconnaissance de ces personnes avec les interlocuteurs officiels facilite le résultat final, à la fois pour des raisons de proximité sociale (qui permet une meilleure compréhension mutuelle), mais aussi dans les failles que ces mêmes liens peuvent susciter (corruption). Les services peuvent concerner tout aussi bien la fourniture de vrais que de faux papiers d'identité.

Traverser les frontières sans papiers coûte infiniment plus cher que de prendre un billet d'avion en classe affaires sur la même destination : 2 000 à 3 000 euros pour la traversée de la ligne Mexique/États-Unis, mais 5 000 à 8 000 pour y parvenir en traversant également l'Amérique centrale ; 10 000 à 15 000 euros pour une traversée de la Méditerranée, et autant pour franchir l'Évros ; plusieurs dizaines de milliers d'euros enfin pour arriver aux États-Unis depuis l'Asie, et notamment la Chine (jusqu'à 60 000 euros). Depuis 2006, l'Office contre la drogue et le crime des Nations unies (ONUDC ou UNODC) s'intéresse au commerce international des migrants qu'il définit

La frontière ressource 89

comme un secteur croissant de la criminalité organisée. En agrégeant des données, il avance le chiffre de 5,25 milliards d'euros (6,75 milliards de dollars) généré par le trafic illégal de personnes aux frontières. Ces montants sont parfois difficiles à démêler des flux légaux : quand un petit entrepreneur monte un itinéraire de minibus entre le Mexique et une nouvelle destination aux États-Unis, en Georgie par exemple, il ne procède pas à la vérification des identités de ses passagers de la même façon qu'un garde fédéral, se contentant de tirer profit de la manne d'un passage qui ne s'arrête pas au franchissement simple de la ligne.

Ces estimations peuvent bien sûr augmenter du fait de l'arrestation des personnes en situation illégale à la frontière. Leur traitement administratif, leur éventuelle détention, voire leur reconduction à l'extérieur du territoire national engendrent des frais importants. Le ministère français de l'Immigration créé sous le gouvernement Sarkozy a tenté de chiffrer le coût de ces expulsions (20 970 euros par personne, soit 415,2 millions d'euros en 2009 selon la commission des finances du Sénat français) ; un montant dont la Cimade, association de défense des migrants, considère qu'il pourrait même s'élever à 27 000 euros en prenant en compte les frais de rétention administrative, pour un coût global de 533 millions cette même année 2009. Pour la même année aux États-Unis, le coût d'arrestation se montait à 18 310 dollars, auxquels il fallait ajouter 3 335 dollars pour 30 jours de détention : sur cette base, on estime entre 216 et 239 millions la somme que représenterait l'arrestation des 11,5 millions de migrants en situation illégale sur le territoire américain, un chiffre presque équivalent au budget annuel de Medicaid... et à mettre en regard avec le budget du département de Sécurité d'État (50,5 milliards à l'époque, 60,6 en 2014).

Les politiques cherchent donc à réduire les frais sur ces opérations, quitte à rogner sur les principes républicains qui prévoient que la justice doit toujours être rendue de façon publique et indépendante : une annexe du tribunal de grande instance de Bobigny a été construite à proximité immédiate de la zone d'attente de l'aéroport de Roissy, dans un espace « enclos », et devait ouvrir début 2014. Son inauguration a été suspendue en décembre 2013 par la garde des Sceaux, Christiane Taubira... De façon moins médiatique, et malgré les avis de la Cour de cassation en 2008, des procédures de justice sont rendues à proximité des centres de rétention de Coquelles et Marseille. La police aux frontières peut en effet enfermer pendant quatre jours les personnes dont l'identité fait défaut, le temps de les renvoyer chez elles mais aussi, pour elles, de demander l'asile. Au bout de cette période, il appartient au juge de leur permettre de rester sur le territoire, privées de liberté de circuler ou pas. Le traitement des personnes arrêtées sur le territoire dans une situation d'illégalité migratoire et détenues dans des centres dits, en France, de « rétention administrative » (CRA) mobilise également des sommes importantes pour assurer la privation de liberté. Vis-à-vis de personnes (éventuellement des mineurs) dont le seul délit est l'absence de papiers d'identité, l'administration tente de proposer des conditions qui ne soient pas exactement celles de la détention en prison, notamment du point de vue sanitaire.

Cette situation concerne tout de même plusieurs centaines de milliers de personnes environ en Europe aujourd'hui. Le cadre communautaire (directive dite « Retour » votée en 2008) permet en effet d'allonger la période de détention jusqu'à 18 mois, un chiffre variable selon les pays (45 jours en France, 18 mois en Italie, de 3 à 6 mois renouvelables en Grèce…). Dans certains pays (Italie, Malte, Grèce, Chypre) on ne parle plus de détention mais bien de rétention assimilable à la condition pénitentiaire. Pendant cette période, il faut à la fois assurer le quotidien des personnes (alimentation, hygiène), leur surveillance, et leur accès à la justice. Toutes ces opérations font l'objet de concessions dans lesquelles interviennent des acteurs privés de tous types, telles des ONG qui assurent la réalisation des procédures juridiques, des firmes privées qui sont en charge de la gestion quotidienne des repas, de l'hygiène, etc., comme Vinci *via* GTM multiservices ou GDF-Suez *via* Cofely, Veolia *via* TFN, Bouygues, Sodexo. Ces entreprises tissent ainsi une toile de compétences qui dépasse les frontières et contribue à mettre en réseau ces centres : Cofely (GDF-Suez) a ainsi obtenu le marché de nombreux centres de rétention administrative italiens.

Il peut paraître cynique de mentionner aussi ici la dimension économique de l'aide humanitaire d'appui à la migration, surtout au regard des efforts que les militants des réseaux d'aide aux migrants déploient de façon bénévole, au prix d'un « délit de solidarité » stigmatisé par la loi jusqu'à sa suppression récente en France en janvier 2013. Il n'en demeure pas moins, qu'ici comme ailleurs, l'humanitaire reste « la main gauche de l'empire », celle qui soigne quand l'autre frappe (Michel Agier), et que les grandes ONG comme la Croix-Rouge, ou d'autres organisations confessionnelles (« Les sœurs de la Miséricorde » en charge du centre de rétention de Paris-Cité) contractualisent avec

La frontière ressource 93

la puissance publique pour la mise en œuvre des mesures de traitement des étrangers à la frontière.

Pour de nombreuses raisons, les personnes éconduites sont rarement renvoyées dans leur pays d'origine : aux États-Unis, les « déportations » consistent à reverser les illégaux de l'autre côté de la ligne sans se préoccuper d'où ils viennent. Les ONG dénoncent ces opérations qui aboutissent à mettre dans la rue, souvent de nuit (pour des motifs arbitraires), dans des villes dangereuses, des personnes vulnérables car leur famille est loin et elles sont sans ressources à ce moment-là. Dans d'autres cas, ce sont les migrants qui tentent de brouiller les pistes sur leur origine : ils détruisent leurs papiers et parfois leurs empreintes digitales pour échapper au fichage et ne pas être reconduits trop loin de la frontière afin d'avoir de meilleures chances de retenter le passage.

Ce tableau illustre le déploiement d'une économie du contrôle bel et bien multiforme et dont la caractérisation exige de suivre de multiples directions, même pour ce qui concerne la surveillance et les aspects de contrôle considérés comme les plus traditionnels à la frontière. De manière paradoxale, on voit en effet croître les effectifs de gardes-frontière (aux États-Unis la *Border Patrol* est passée de 4 000 hommes et femmes en 1992 à 21 000 en 2013, déployés à près de 90 % sur la bordure sud-ouest), mais baisser le nombre de douaniers en raison, notamment en Europe, de la mutualisation du personnel et des avancées technologiques. La surveillance fonctionne d'abord sur la notion de mise en commun de moyens, notamment humains, comme en témoigne l'organigramme de Frontex, organisme doté de très peu de personnel propre. La mission de cette agence consiste en effet dans l'implémentation d'une ingénierie de la « gestion intégrée des frontières extérieures » (selon les termes d'une communication de la commission au Conseil et au Parlement européens de 2001 ; le concept de « sécurisation des frontières extérieures » apparaissant en 2002 seulement). Frontex est donc surtout chargée de la mise en place et gestion de bases de données de surveillance des personnes comme le système d'information Schengen de croisement des données d'identité, conduisant à une politique de visas partagée et le fichier EURODAC de gestion des informations biométriques – empreintes digitales dans une perspective d'analyse du risque (voir le FRAN, *Frontex Risk Analysis Network*). Dans le cadre des opérations de terrain, l'agence dispose de quelques experts chargés d'assister les États membres dans leur gestion du contrôle de la migration et des opérations de retour, mais elle agit surtout comme

La frontière ressource

coordinateur de personnels mis à disposition par les gouvernements nationaux et redéployés sous la forme de patrouilles communes fonctionnant en réseau (les *Rapid Border Intervention Teams* ou RABIT déjà mentionnés) : il s'agit bien, comme son nom l'indique, d'une « Agence européenne pour la gestion de la coopération *opérationnelle* aux frontières extérieures des États membres de l'Union européenne ». Le budget propre de l'organisation (285 millions d'euros pour la période 2007-2013 dans le cadre du Programme européen pour la protection des infrastructures critiques) est loin de constituer l'essentiel de l'effort de l'Union européenne pour la protection de ses frontières (un budget spécifique de 2 milliards d'euros, le Fonds pour les frontières extérieures ou FFE, a été débloqué dans cette même période, s'insérant dans le programme plus global de « Solidarité et gestion des flux migratoires », dont le budget total était de plus de 4 milliards d'euros).

Ces investissements se sont traduits par la multiplication de missions permettant des interventions plus rapides et un redéploiement géographique plus étendu, mais surtout par l'installation de systèmes de surveillance sur 60 % des près de 14 000 km de frontières extérieures de l'Union européenne ainsi que par la modernisation des points de contrôle frontaliers. L'Europe stimule et cofinance ces projets, mais la question des frontières reste une prérogative nationale : la Grèce a ainsi dépensé 63 millions d'euros en pleine crise financière de 2013 pour contrer l'immigration illégale, dont seulement 3 millions transitaient depuis des organismes frontaliers européens. Les débats européens sont assez représentatifs des orientations technologiques aux frontières : les investissements technologiques devant à terme permettre l'automatisation presque complète des franchissements frontaliers prennent largement le pas sur le recrutement de personnels *ad hoc*, et se traduisent par des milliards d'euros désormais au cœur de la construction de « frontières intelligentes » (mieux connues sous le nom de *smart borders*).

Ces frontières technologiques sont équipées d'une panoplie d'instruments de surveillance et de contrôle des flux connectés aux infrastructures au sol (barrières fixes et nombreux capteurs, de mouvement comme de chaleur), aux véhicules d'information et d'interception qui peuvent être sans pilotes (notamment les drones ou les robots terrestres) et aux systèmes embarqués (puces RFID et toute l'architecture de réseaux informatique qui accompagne la gestion intégrée de ces systèmes). Dans ce contexte, l'interopérabilité des données

La frontière ressource

et techniques devient un élément essentiel de la performance des frontières, ce qui se traduit dans les faits par une intégration croissante d'acteurs présents sur ce marché en très forte croissance. Le cabinet de conseil Visiongain, spécialisé dans la fourniture d'« intelligence commerciale », évalue depuis cinq années le périmètre de ce qu'il appelle le « marché de la sécurité aux frontières » : les chiffres fournis peuvent être discutés, mais selon une méthodologie identique, on observe un bond du marché de 15,8 à 23,72 milliards de dollars entre 2010 et 2014, soit une hausse de 150 % (au sein d'un marché de la sécurité globale 30 fois supérieur). Ce que ces montants qui vont au-delà de toutes les estimations antérieures confirment, c'est bien une disparition de la frontière, entre les domaines d'intervention civile et militaire, pour fonder ce que certains nomment désormais le complexe « sécuritaro-industriel ». Les leaders du marché sont aussi bien des équipementiers de l'armement (Boeing, Airbus Défense, Thalès, Raytheon) que des fournisseurs de solutions de sécurité industrielle et de systèmes de transport (New Age Security Solutions, NASS), tant en termes de gestion d'hommes (G4S, 650 000 salariés, deuxième plus grand employeur privé du monde) que de réseaux (Bundesdruckerei). Ce qu'il est courant d'appeler aujourd'hui le Big Data, c'est-à-dire l'organisation de serveurs destinés à héberger des bases de données de grande ampleur, serait en effet en train de bouleverser le pilotage du risque par la possibilité d'un recours croissant aux algorithmes. Le principal artisan de la gestion du risque au département de l'Immigration du gouvernement australien déclarait, en mai 2014, qu'« avec 10 années de stockage des données sur les habitudes et les types de déplacements des voyageurs », le système australien pourrait être comparé au « business model d'Amazon.com » (extrait d'un exposé à la Journée européenne des gardes-frontières organisée par Frontex).

Nombre de firmes sont en concurrence et partent à la conquête commerciale de marchés mondialisés où les jeux de filiales permettent, par exemple, à certaines entreprises israéliennes de construire des frontières dans la péninsule arabique. Cette fuite en avant technologique qui est au cœur du « Xénophobie Business » (selon l'expression de Claire Rodier) n'est bien sûr pas la panacée à tous les problèmes causés par les frontières, même si l'entretien des systèmes est si complexe qu'il assure aux entreprises du secteur des bénéfices durables.

La technologie constitue aujourd'hui le credo partagé de (presque) toute entreprise de gestion et d'analyse des frontières. En témoigne l'évolution de la recherche scientifique telle que nous la révèle la structuration de ses financements, dernier pan de ce panorama des ressources liées à la transformation des frontières contemporaines. Les frontières apparaissent globalement peu représentées au sein des appels d'offres de recherche des grandes agences publiques, que ce soit en Amérique du Nord ou en Europe. À la seule exception d'un appel portant sur l'évolution du concept ouvert par l'Union européenne en 2011 (et remporté par un projet dont le nom « Euborderscapes », évoque la nécessité d'une évolution postmoderne du terme inspirée des travaux d'Arjun Appadurai), l'ensemble des financements publics dévolus aux frontières est distribué aux laboratores qui travaillent sur la sécurité. Les équipes remportant les appels d'offres de recherche sont celles qui s'intéressent aux aspects technologiques des frontières, et qui intègrent, le plus possible, des consortiums permettant aux grandes firmes technologiques de toucher ces subsides publics pour leur développement. Très présente dans les précédents programmes-cadres de l'Union européenne, la thématique est centrale dans la programmation à l'Horizon 2020 avec, au sein du grand thème sur les « Sociétés sûres *(secure societies)* », un sous-registre portant sur la

Sécurité des frontières et la sécurité extérieure (H2020-BES-2014 et H2020-BES-2015 ; une vingtaine de millions d'euros en jeu chaque année), dont l'un des principaux focus porte sur ce qu'il est convenu d'appeler des « chaînes de sécurité ». Cette priorisation de la recherche se retrouve au sein de l'Agence nationale pour la recherche française qui a ouvert entre 2011 et 2013 un appel spécifique « Concepts, systèmes et outils pour la sécurité globale (CSOSG) » prolongé en 2014 par un sous-volet de l'appel générique consacré à la « Liberté et sécurité de l'Europe, de ses citoyens et de ses résidents ». L'examen des titres et résumés des projets gagnants montre que l'expression secondaire d'intérêt pour des projets touchant à l'éthique du contrôle des personnes, rajoutée aux textes officiels, a peu été suivie d'effets dans les processus de sélection des projets.

Dans ce contexte de pilotage de la recherche, les chercheurs en sciences sociales se trouvent dans une position ambivalente. Ils se satisfont en partie de l'intérêt croissant pour leur objet de recherche, s'identifiant comme partie prenante d'un champ scientifique, celui des « Border Studies », en cours de consolidation à travers des réseaux internationaux (comme le *Border Regions in Transition Network*, l'*Association of Borderlands Studies* et son journal) dont l'activité en termes de colloques et publications est intense. Mais ils partagent également un certain désarroi face au fait que l'accumulation de leurs connaissances critiques et l'appareil conceptuel qu'elles constituent (voir par exemple, en France, *L'Atlas des migrants en Europe. Géographie critique des politiques migratoires*) ne semble pas avoir de prise sur des opinions publiques et des gouvernements cédant aux frayeurs xénophobes.

Deux pistes d'interprétation sont possibles, la première qui vient à l'esprit résiderait dans le fait que leur apport reste tout à fait minime face aux montants investis dans la recherche liée à la sécurité technologique aux frontières qui produit des outils bien plus robustes. La deuxième est plus problématique : la multiplication de discours, même critiques, sur les frontières, participe de l'installation médiatique de l'idée que les frontières existent de façon pérenne. De la même façon qu'il y a dix ans, la notion de migrant illégal n'existait pas, celle de frontière sécurisée non plus… À trop vouloir les dénoncer, les militants ne participent-ils pas, à leur corps défendant, à la banalisation d'un discours sur les frontières dont l'imprécision ouvre la porte à toutes les dérives ?

Si la frontière apparaît bel et bien comme une ressource, son exploitation se révèle en effet d'une grande complexité. Les dispositifs les plus élaborés, souvent les plus coûteux, ne sont pas tous terminés et sans doute n'ont-ils pas vocation à l'être. Aux États-Unis, le *Secure Border Initiative* de 2006 n'a pas plus abouti à ériger une clôture hermétique que la barrière de sécurité israélienne, malgré la différence énorme des kilométrages en jeu. C'est que les trous dans les murs jouent des fonctions de régulation que seule l'analyse anthropologique fine peut mettre au jour : le passage de travailleurs clandestins est de l'intérêt du pays récepteur dont les entrepreneurs ont besoin de cette main-d'œuvre à bas prix, et il s'avère parfois que l'intérêt des contrebandiers s'allie à celui des forces de l'ordre pour sécuriser artisanalement le passage (identifier les fauteurs de trouble ou terroristes et leur refuser la traversée)… L'analyse en termes économiques révèle des alliances d'intérêt inédites qui expliquent sans nul doute le succès des frontières malgré la violence ontologique qui s'y révèle.

LA FRONTIÈRE INDIVIDUALISÉE

Les inégalités du passage de la frontière : pour une analyse des « frontiérités » *(BORDERITIES)*

La fin d'une définition westphalienne des limites internationales, c'est-à-dire fondée sur la traduction territorialement linéaire de l'équilibre des forces entre les États, implique que l'expérience de la frontière se différencie des conditions de l'appartenance citoyenne. En fonction de la variation de facteurs complexes, chaque individu se trouve en situation de vivre la (les) frontière(s) différemment. On pense bien sûr aux frontières internationales que les citoyens des pays riches traversent plus aisément que ceux auxquels ils tentent de restreindre l'accès à leur territoire, la limite internationale se transformant en filtre social… mais l'analyse montre un jeu plus complexe lié à la géographie des émergences économiques dans la globalisation d'une part, à la multiplication des frontières et limites de tous types d'autre part.

Pour contourner et dépasser les difficultés conceptuelles, les spécialistes de la frontière proposent généralement un changement d'échelle : passer de l'examen de l'institution à l'analyse du quotidien permettrait de déplacer les modes de compréhension de ce qui se joue aux limites internationales. Ces approches plus récentes, fondées sur les méthodes d'analyse des pratiques et de l'expérience, insistent sur la notion de routine, mettant l'accent sur la personnalisation du travail de la frontière au travers d'interactions interindividuelles. À notre sens, ce type d'interprétation a tendance à gommer la dimension politique de ce qui se joue aux frontières, à la fois dans les lieux et dans les processus qui se fabriquent aux limites. La proposition d'analyse « vernaculaire » des frontières (selon l'expression de Chris Perkins et Chris Rumford) permet effectivement de réintégrer la vie quotidienne des individus dans l'examen de dispositifs frontaliers jusqu'alors dominés par des analyses géopolitiques « macro »… mais pas de prendre en compte leur subjectivité et leur capacité politique.

Il s'agit bien de montrer que l'individualisation du fonctionnement de la frontière se traduit par une forte inégalité face au dispositif complexe qu'elle représente. Cela se comprend quand on examine les régimes de franchissement des frontières, au sein desquels il est aisé d'opposer les passagers aériens auxquels leur passeport et leurs moyens

La frontière individualisée

offrent le monde et les migrants réduits aux routes de l'errance violente qui mettent des mois à franchir les distances que les premiers couvrent dans la journée. Ces parcours personnels se construisent dans le cadre de négociations collectives politiques et économiques déterminant l'accès à la citoyenneté par exemple. Le troublant examen des droits ouverts par les différents types de passeport a d'ailleurs conduit certains à tirer parti de ces différentiels en ouvrant des officines permettant d'acquérir les papiers les plus recherchés. Cette niche a été exposée au débat critique très récemment, quand, en novembre 2013, Malte a décidé d'attirer des « citoyens de haute valeur », c'est-à-dire de mettre officiellement en vente sa citoyenneté, permettant par conséquence d'acquérir les « droits Schengen » pour la modique somme de 650 000 euros. Il n'en reste pas moins qu'aujourd'hui, selon le type de passeport que l'on a sur soi, on peut avoir accès de 28 à 173 pays, ce qui dessine un monde à géométrie très variable : les uns peuvent, sans visa, avoir accès à 4,3 milliards de leurs semblables et découvrir 73 millions de kilomètres carrés quand les autres sont restreints à 230 millions de personnes sur seulement 5 millions de kilomètres carrés !

Derrière ces calculs grossiers se cachent des modalités de relation à la frontière plus complexes.

L'essayiste Paul Virilio montre que les « nouveaux nomades » globalisés (ceux qui ont les « bons passeports » et les professions qui les utilisent) sont en fait des « hyper-sédentaires » : se déplaçant entre des espaces standardisés, ils sont chez eux partout, ne faisant que donner l'impression de traverser des frontières. Ils n'échappent pas pourtant à toute notion de « frontiérité », un concept que j'ai forgé récemment avec le géographe Frédéric Giraut pour mieux exprimer les dimensions individuelles et collectives de ce qui se joue dans un rapport territorialisé et politisé aux limites internationales et à leurs franchissements. Pour cette catégorie de personnes qui multiplie des déplacements à longue distance, mais dans des conditions pratiques homogènes, de nombreuses zones de la planète apparaissent en effet inaccessibles car perçues par ces voyageurs comme trop dangereuses. En témoigne un produit développé et commercialisé juste après le démantèlement de l'apartheid en Afrique du Sud. Aux automobilistes inquiets de la possibilité de traverser les zones anciennement réservées aux populations noires, notamment les ex-Bantoustans, une petite entreprise de services proposa une offre de GPS calculant automatiquement la distance par rapport aux frontières désormais effacées des cartes. Identifiant ces périmètres raciaux à des espaces de

La frontière individualisée 109

danger potentiel, cet outil recréait volontairement des limites sécuritaires là où le droit les avait effacées. À l'opposé de ces personnes qui construisent leurs mobilités de façon désirée, en gérant au mieux les critères de risque, se trouvent ceux que Virilio nomme au contraire les « parias globaux », ceux qui traversent les frontières illégalement, avec un coût personnel très élevé et transportent avec eux un régime permanent de restriction d'accès aux droits. Leur frontiérité est à la fois permanente et périlleuse, mais leurs réseaux interpersonnels leur ouvrent des possibilités d'insertion bien plus variées dans des sociétés d'accueil où des personnes auxquelles ils sont liés par des affinités communautaires pourront les accueillir en les tirant de l'anonymat.

Quand la frontière est multisituée, portable, qu'est-ce donc que l'on transporte avec soi, des droits ou des contraintes ? Penser en termes de frontiérités nous oblige à ouvrir le débat politique de l'accès : il existe désormais des espaces au sein desquels aucun trafiquant ne peut vous introduire, ceux de la haute finance par exemple… Or en bloquant la discussion autour des frontières politiques et du territoire, d'autres catégories de ségrégation sont obscurcies et exclues du débat. Cette notion de frontiérité s'inspire de la façon dont Michel

Foucault construit, dans ses cours au Collège de France, sa réflexion sur la gouvernementalité, définie comme « l'ensemble constitué par les institutions, les procédures, analyses et réflexions, les calculs et les tactiques » qui « permettent […] d'exercer […] le pouvoir » : il s'agit en effet de comprendre ce qui se joue aux frontières comme un dispositif complexe de techniques qui mettent en œuvre l'efficacité politique des frontières. Dans une telle perspective, les individus ne sont plus considérés comme des sujets souverains, cosignataires d'un contrat social, mais comme des objets de contrôle dans un espace fragmenté.

Le mouvement perpétuel qui se dessine dans un tel cadre d'analyse s'oppose aux fonctions premières de la frontière, notamment celle de protection. Une frontière mobile est bel et bien un lieu violent, car on se trouve comme emprisonné dans cet espace intermédiaire dont le franchissement ne finit jamais. Sa richesse culturelle (entre les États-Unis et le Mexique les activistes Chicanos se conçoivent comme habitants du Nepantla, le terme Náhuatl signifiant l'entre-deux) ne doit pas cacher sa violence. La poétesse Gloria Anzaldúa qui vivait justement dans le Nepantla écrivait en tordant les langues, passant de l'espagnol à l'anglais parfois dans la même phrase, une manière pour elle

La frontière individualisée

de tenter d'annuler les mécanismes de domination qu'elle ressentait dans ce qu'elle appelait « la lutte des frontières ». Dans l'un de ses textes les plus célèbres qui s'intitule « Vivre dans les régions frontalières veut dire (pour) toi » (1987), elle déclare : « Dans les régions de frontières/ tu es le champ de bataille […]/tu es chez toi, un étranger […]/ tu es blessé, perdu au combat (dans l'action) » et conclut : « Pour survivre dans les régions de frontières/Tu dois vivre *sin fronteras*/ Être un carrefour[1]. » Gloria Anzaldúa est la première à avoir admis et hurlé qu'elle « était la frontière ».

Les populations les plus vulnérables s'avèrent plus affectées par les frontières, selon un mécanisme cumulatif que les sciences sociales analysent désormais en termes d'intersectionnalité, c'est-à-dire d'analyse combinée des formes de domination ou de discrimination. Dans la mesure où la violence aux frontières s'exerce sur des individus, et non plus sur des hommes et des femmes représentant un État qui serait en guerre contre un autre…

---

1. Traduction personnelle des vers suivants du poème *To live in the Borderlands means you* :

« In the Borderlands / you are the battleground […]/you are at home, a stranger […]/you are wounded, lost in action […]. »

« To survive in the Borderlands / you must live *sin fronteras* / be a crossroads. »

il devient difficile de dire qui doit les défendre. Dans le cas de la frontière États-Unis/Mexique, les enfants qui sont appréhendés en situation irrégulière peuvent être renvoyés seuls vers le Mexique sans que les responsabilités collectives soient officiellement engagées.

C'est aux frontières que l'on peut appréhender le devenir des minorités, notamment celui des populations autochtones. Reléguées aux marges des États-nations, sur les terres souvent les moins productives, elles ont une position ambiguë vis-à-vis des limites internationales, entre rejet et instrumentalisation. Ainsi, pendant que la communauté internationale applaudit à la reconnaissance du gouvernement soudanais du sud et à sa souveraineté territoriale inédite, elle oublie que ce même gouvernement a contribué aux massacres au Darfour au nom du nettoyage ethnique… et que ces frontières récemment créées ne sont pas la panacée aux problèmes d'accès à la reconnaissance politique.

Dans le meilleur des cas, ces populations se servent de leurs liens culturels avec leurs voisins pour accéder à des ressources qui leur sont interdites dans leur propre pays : dans le bassin amazonien par exemple, les populations autochtones brésiliennes sont bien mieux reliées aux grandes ONG internationales que les communautés péruviennes,

La frontière individualisée 113

aussi ces dernières se servent de leurs voisins pour obtenir des soutiens politiques et financiers internationaux… et en définitive, jouer sur le rapport de force envers leurs capitales nationales respectives. Il s'agit, entre autres, de construire de meilleures positions dans la négociation sur les bénéfices des ressources dont les territoires dans lesquels elles vivent abondent (mais dont l'exploitation leur rapporte généralement très peu).

L'individualisation du rapport aux frontières peut dans bien des cas aboutir à un rejet croissant des tracés, sur la base d'une dénonciation de mécanismes de colonisation, à la fois externes et internes, qui ont conduit les métropoles d'abord, les gouvernements indépendants ensuite, à négliger le sort de leurs minorités ethniques et de leurs revendications politiques. Les difficultés d'accès physique et le manque d'infrastructures constituent le terreau de redéploiements de petits groupes dont le savoir-circuler se fonde sur une approche des lieux qui ne passe pas par les outils de domination territoriale des États (ni par les cartes, ni par les frontières). Ces vieux réseaux sont habilement relayés par l'utilisation des technologies contemporaines de l'Internet et des satellites pour fabriquer des dispositifs mouvants que les acteurs institutionnels ont beaucoup de mal à aborder. Le cas de l'organisation de l'État islamique en Irak et au Levant (EIIL en français, ISIS en anglais, DAECH en arabe) peut nous aider à aller plus loin dans la compréhension des mécanismes en jeu dans les recompositions frontalières contemporaines. À première vue il s'agit d'une remise en cause radicale des frontières coloniales (en l'occurrence des accords secrets franco-britanniques de Sykes-Picot qui redessinèrent la carte du Proche-Orient en 1916), un point commun avec Al-Qaida. Mais le groupe fondé par Ben Laden consistait en un réseau fractionné et globalisé alors que le chef de DAECH a des prétentions d'ancrage territorial : il a proclamé en juin 2014 la naissance d'une entité politique en lieu et place des États existants, le Califat. Le nom même d'État islamique en Irak et au Levant est révélateur de l'ambition étatique de DAECH : la reconstruction d'un collectif est centrale dans sa revendication politique, même si la référence historique au Califat s'appuie sur une tradition territoriale aux marges floues, des confins ou fronts pionniers (qu'on appelle en anglais *frontiers* plutôt que *borders*). L'espace dominé par les combattants s'étend effectivement à cheval entre l'Irak et la Syrie. Il prend ancrage dans le nord de ces pays dont les populations sont pauvres, et en partie kurdes. La présence de cette minorité transfrontalière a dans un premier temps facilité la

La frontière individualisée 115

progression de l'EIIL, avant que les Kurdes, réalisant que le Califat ne leur laisserait pas proclamer leur autonomie, ne reviennent sur cette alliance. L'EIIL se nourrit aussi des énergies de combattants issus d'un grand nombre de pays occidentaux dans lesquels ils sont politiquement, socialement, culturellement isolés, comme si les idéaux de cette armée du Levant pouvaient fédérer toutes sortes de marginalisations, à la fois collectives et individuelles. Paradoxalement et bien que dans les faits, la pénétration de l'EIIL se fasse le long des axes de transport – avec beaucoup de difficulté pour assurer la continuité territoriale de la conquête –, sa progression montre la résilience de l'idée d'une frontière fondée sur la souveraineté territoriale même chez ceux qui la contestent.

De façon moins exceptionnelle, c'est le champ économique qui illustre le mieux l'individuation des trajectoires territoriales et la multiplication des exceptions frontalières. La Chine nous offre l'exemple de cette dialectique entre territorialité et extra-territorialité en fabriquant à la fois des concessions de type interne et externe. D'une part, elle a inventé au sein de son propre territoire des « régions spéciales » en fonction d'impératifs économiques qui peuvent conduire à en interdire l'accès à des personnes de nationalité chinoise.

D'autre part, ce pays a également constitué des régions externes, comme celle du Kokang au Myanmar, qui sont fonctionnellement intégrées au territoire chinois (la langue, la monnaie, et même les réseaux de téléphonie locale sont chinois) sans y être reliées territorialement de façon contiguë. Dans son déplacement interne ou sa projection externe, la frontière mobile déplace avec elle les notions d'appartenance, de bien commun et questionne de multiples façons la fabrique des identités.

Ce jeu postmoderne avec les découpages territoriaux met en scène aussi bien les États que les acteurs économiques globalisés qui, intervenant en fonction d'intérêts plus volatils, sont amenés à être des acteurs très productifs de cette fabrique d'extra-territorialité. Autour des zones d'exploitation des ressources primaires, ou sur les grands chantiers, se structurent ainsi des espaces clos où les relations échappent majoritairement aux lois des États. Il faut se garder d'assimiler trop rapidement ces espaces à des enclaves privées, voire à des camps d'exception : si l'exercice de la norme y échappe en grande partie à la puissance publique nationale, c'est pour s'exercer dans une gouvernance hybride entre acteurs locaux (autorités locales et régionales) et privés. L'anthropologue Thomas Hendricks montre comment, quand

La frontière individualisée 117

l'État (biopolitique) n'est plus seul détenteur de la souveraineté, notamment face à des acteurs privés dominants dans le cadre de grandes concessions d'exploitations, il faut repenser la frontière. Dans les camps construits pour l'extraction de ressources primaires, le territoire doit se comprendre dans une perspective postcoloniale. L'analyse ne peut pas se contenter de la notion d'exception mise en place par Giorgio Agamben : la mobilité des frontières dépend dès lors de la volatilité de flux de capitaux qui recomposent à l'envi des lieux éphémères.

Le corps à la frontière

Cette individuation qui découle d'évolutions contemporaines des limites internationales se traduit par un engagement très spécifique des corps à la frontière. L'anthropologue Michel Agier évoque la nécessité d'une pensée humaniste qui doit désormais comprendre un « homme [ou femme]-frontière ». Cette proposition élargit en la théorisant le cri de Gloria Anzaldúa, porte-parole des confins, pour l'universaliser : nous portons tous en nous les frontières du monde, elles nous traversent et fondent les conditions de possibilité de nos identités.

L'approche d'Agier est celle d'une anthropologie sociale renouvelée par son exposition aux flux et contraintes de la globalisation. On peut aller plus loin dans son interprétation, rappelant que ce qui se joue aux frontières c'est bien le lien entre le corps et l'esprit qui est le propre de l'humain. Cette piste ouvre la béance de la frontière, celle de la blessure des corps qui est trop rarement analysée comme telle.

Les réflexions philosophiques contemporaines sur la souveraineté reviennent de multiples manières sur la dimension biologique du vivre ensemble. Nous le savons avec Michel Foucault mais aussi grâce à Giorgio Agamben : le politique est un conflit d'idéaux qui se résout dans la domination des corps. Les corps à la frontière sont de plus en plus des cadavres, en anglais *corpses*, dont personne ne sait quoi faire ni dire. En témoigne le synopsis d'une série télévisée diffusée en 2011 et qui a connu deux remakes à succès en 2013 : un corps est retrouvé sur un pont, minutieusement positionné sur la frontière, mais les équipes de police qui arrivent sur la scène du crime découvrent rapidement qu'il s'agit en fait de deux morceaux de cadavres de deux femmes raboutés, aux statuts (nationalité, position sociale, couleur de peau, etc.) que tout semble opposer. L'original a été créé entre

La frontière individualisée 119

la Suède et le Danemark, sur le pont reliant Malmö et Copenhague, mais l'histoire a pu être transposée à Ciudad Juarez/El Paso, entre États-Unis et Mexique puis dans le tunnel sous la Manche entre le Royaume-Uni et la France... Ce scénario est sans doute universel en ce qu'il nous dit des liens que les frontières tissent même entre ceux qui les rejettent.

Les images chocs de personnes à la dérive en Méditerranée ou de leurs cadavres qui circulent de plus en plus régulièrement dans nos médias construisent paradoxalement les murailles de l'indifférence des sociétés qui tentent de se protéger par la sécurisation de leurs frontières. La sécurisation des frontières a en effet pour conséquence directe de rendre leur franchissement plus périlleux : entre États-Unis et Mexique, la construction du mur oblige désormais les migrants à traverser des déserts pendant plusieurs jours. Aussi, si le nombre de traversées s'est amenuisé, le nombre de morts n'a lui cessé d'augmenter, dépassant 500 l'an dernier (le taux de létalité de cette frontière est donc passé de 4 pour 10 000 en 2005 à 8 pour 10 000 en 2010 et 13,3 pour 10 000 en 2012). Les routes migratoires changent et se réadaptent continuellement aux redéploiements d'hommes et de technologies : vers l'Europe, les traversées les plus courtes (détroit de Gibraltar, Afrique/Canaries) étant aussi les plus surveillées, les migrants doivent contourner la Méditerranée selon des itinéraires complexes faisant de chaque périple une épopée personnelle. On peine à tracer sur des cartes ces parcours faits de détours, de renvois et d'arrêts forcés... L'aspect linéaire des flèches qui représentent traditionnellement les migrations entre un point A et un point B est en total décalage avec ce qui est en train de devenir une géographie des limbes. La noyade reste la première cause de décès aux portes de l'Europe, en mer mais aussi dans la traversée des fleuves (Bosnie/Croatie ; Serbie/Croatie ; Pologne/Allemagne, et surtout le passage de l'Évros depuis la Turquie vers la Grèce qui est une zone particulièrement dangereuse car avant l'actuelle construction du mur qui y ferme la frontière, les deux rives ont été minées). On a comptabilisé plus de 3 000 décès sur les frontières européennes en 2014, un record depuis que ces données sont reconstitués, d'abord par les ONG puis par les forces de police des frontières : 200 en 1995, 600 en 2000, 1 300 en 2003, 2 000 en 2006... Bien évidemment ces chiffres n'ont qu'une valeur indicative car bien des corps ne sont jamais identifiés.

Le fait de ne pas pouvoir compter les morts constitue l'une des définitions des violences de guerre

La frontière individualisée

et pourrait justifier de parler de « guerre contre les migrants » : conflit de basse intensité certes et asymétrique, mais violence qui est en grande partie imputable aux appareils d'État. Au-delà des débats sur la pertinence quant à l'applicabilité de cette notion de « guerre » pour décrire les luttes qui se déroulent aux limites internationales, il me semble que ce qui se joue là est d'une autre nature. Pendant toute la période moderne, la fiction de l'État-nation a servi à protéger des groupes de la violence individuelle d'autrui. Détenteur, selon les mots de Max Weber, du « monopole de la violence légitime », l'institution étatique a endossé les fonctions de protection militaire et civile (développement des systèmes de soin et de prise en charge sociale) des individus. Si cela n'a pas empêché les dizaines de millions de morts des guerres des deux siècles passés, ce système a cependant médiatisé la violence, notamment au travers de l'idée que la guerre se combat au nom d'un collectif. Nous sommes aujourd'hui bel et bien entrés dans une phase nouvelle d'un conflit dont l'enjeu n'est plus le lieu où passe la limite mais la défense de l'idée de frontière elle-même. Un antagonisme où les individus se trouvent seuls aux prises avec des systèmes politiques et économiques qui les instrumentalisent pour mieux les dépasser.

La frontière capture des vies, soit qu'elle en accélère la fin, soit que les personnes se trouvent prisonnières d'une traversée qui ne pourra pas trouver de terme. Les mesures de fermeture des frontières ont bien pour effet de repousser les candidats au franchissement clandestin, mais pas de les empêcher de quitter leur lieu de vie. Pour des raisons économiques et politiques, à cause de la misère ou de la guerre (souvent civile), des hommes, des femmes et leurs enfants prennent la décision de tenter leur chance aux frontières des pays occidentaux qu'ils perçoivent à la fois comme plus riches et aussi comme les inventeurs d'idéaux universels, des droits de l'homme au droit d'asile. Ceux qui partent sont loin d'avoir le capital social le plus bas : il faut de l'argent pour payer les différents intermédiaires du passage illégal, mais aussi des ressources humaines, notamment parler plusieurs langues ; une grande partie de ces voyageurs a fait des études et pense pouvoir mieux valoriser cet investissement intellectuel dans le monde le plus industrialisé. Les chemins sont longs, avec de nombreuses ruptures de charge qui sont autant d'embûches : les changements de train à travers l'Amérique centrale et le Mexique, de camions dans le Sahara, où les oasis du désert constituent autant de plaques tournantes du trafic : Dirkou, au Niger, sur la route

La frontière individualisée 123

de la Libye, Tinzaouaten, construite sur la frontière entre le Mali et l'Algérie, devenue zone de refoulement... Le pire, au moment où j'écris ces lignes, est en train de se produire dans le Sinaï : des groupes bédouins y ont construit une économie de la rançon qui s'appuie sur des centres d'enfermement où les migrants sont torturés plusieurs jours durant pour tenter de faire verser à leurs familles des rançons de plusieurs milliers d'euros (entre 30 000 et 60 000 euros par personne). On estime que depuis 2009, 10 000 d'entre eux ont laissé leur vie dans ce désert, sur 50 000 qui en ont entrepris la traversée. Ceux qui sont relâchés, blessés, tentent d'échapper aux forces de l'ordre égyptiennes qui les renverront en Érythrée d'où la dictature les a chassés... S'ils arrivent à reconstituer un pécule, ils risqueront à nouveau leur vie dans la traversée de la Méditerranée. Du côté de la frontière israélienne, ils ont trouvé jusqu'en 2012 une forme d'asile remise en cause par la loi « anti-infiltration » votée cette même année, la construction d'un mur et le rassemblement de ceux qui parvenaient à passer ces filtres dans un camp de rétention surpeuplé (10 000 personnes), à Holot.

La situation la plus courante est celle de l'attente dans des conditions de survie précaire, dans des lieux plus ou moins identifiés, dont la géographie dessine progressivement un territoire tronqué. Ce sont à la fois les espaces où les étrangers candidats à la traversée attendent le passage et ceux où ils sont refoulés à l'issue des mesures de reconduite dont ils font l'objet. Bien souvent, ces lieux ne sont pas les territoires de départ des migrants, ils n'y ont pas d'attaches personnelles ni de repères pour survivre autres que les contacts qu'ils vont pouvoir nouer avec leurs compatriotes ou avec ceux dont ils partagent des affinités. Est-ce parce que ce sont des endroits de survie où force fait loi, qu'on les nomme parfois « jungles » ? Nous en avons un exemple sur notre territoire hexagonal où, aux environs de Calais, à l'entrée du tunnel de la Manche, les migrants tentant de rejoindre l'Angleterre survivent dans la précarité pendant des mois. Ils attendent de pouvoir s'immiscer dans un véhicule qui leur permettra de rejoindre le Royaume-Uni où le régime du travail flexible leur permettra de trouver plus facilement un emploi qu'en France ; la connaissance de la langue anglaise par une grande majorité d'entre eux les aidera à une insertion plus rapide qu'en France. Un centre d'accueil aménagé pour eux en 1999 dans un hangar abandonné, a été fermé en 2002, les conduisant à vivre dans des abris de fortune disséminés dans les champs aux abords du port, dans un périmètre qui a pris le nom de « jungle de Calais ».

La frontière individualisée 125

Le ministre Éric Besson a prétendu démanteler ces bidonvilles en 2009, mais depuis des années, les interventions ne servent qu'à déplacer les personnes et rendre l'aide qui leur est apportée par les associations locales plus difficile, de sorte que, fin 2014, la décision de reconstruire un lieu d'accueil a été validée. De tels lieux existent aux bordures de toute l'Europe : il y des jungles de Subotica (en Serbie, à la frontière avec la Hongrie) dans tous les grands ports grecs (et notamment autour de Patras et de Igoumenítsa), au Maroc autour des enclaves espagnoles de Ceuta et Melilla mais aussi dans la ville frontalière de l'Algérie, Oujda, qui est un lieu étape avant l'accès aux enclaves susnommées. Dans ces endroits les migrants cherchent à se cacher et à protéger leurs maigres possessions, une casserole, un bout de couverture… ils jouent une partie de cache-cache avec les forces de l'ordre mais aussi avec les groupes racistes qui les poursuivent. Cela les amène à vivre dans des contre-espaces européens, dormant de jour et mangeant dans les poubelles la nuit… À Mariwari, en périphérie de Melilla, certains ont déjà été expulsés 10, 15 fois vers Oujda et ils ont repris la route, trois jours de marche, pour tenter à nouveau leur chance vers l'exil en Europe.

Dans ces marges, les formes d'organisation collective sont le seul espoir, y compris politique.

Depuis septembre 2013, on observe ainsi à Melilla des tentatives de franchissement de deux grillages parallèles de six mètres de haut par des groupes de centaines de migrants à la fois. Par la terre, avec l'aide de plusieurs échelles, ou par la mer et à la nage, les assauts font à chaque fois des blessés et des morts, mais les grillages sont effectivement franchis par des dizaines de personnes. Cette fédération d'énergie du désespoir a aussi conduit, en juin 2014, les Érythréens enfermés au centre de rétention d'Holot en Israël à repartir vers le Sinaï, parcourant des dizaines de kilomètres avec des banderoles proclamant : « À cette détention inhumaine et sans limite de temps, nous préférons encore la mort dans le désert ». Leur revendication a été entendue par la Cour suprême israélienne qui a fermé ce centre en septembre dernier.

Si l'on n'est pas mort dans la traversée, on y a souvent laissé le meilleur de soi-même : une majorité des femmes a été violée au moins une fois, une partie d'entre elles s'est ensuite prostituée pour survivre. Certains restent enfermés au sens littéral dans la frontière comme c'est le cas à Tijuana où des personnes déportées, recrutées dans les circuits de la distribution de la drogue et se mettant à en consommer, finissent par vivre dans les canalisations d'irrigation parallèles à la limite inter-

La frontière individualisée 127

nationale, prisonnières des réseaux dans tous les sens du terme. Ce sont là des situations d'exception au sens où elles se produisent hors du champ normalisé du passage légal de la frontière, mais on sent bien à quel point elles ne sont plus exceptionnelles. La formalisation du passage des frontières signifie en effet, même quand on est en possession des papiers, des heures d'attente. L'inconfort pour les piétons est notoire… dans certains territoires, il commence dès l'enfance, les écoliers palestiniens étant obligés par le tracé du mur et la géographie mouvante des checkpoints, de se soumettre à de nombreux contrôles pour atteindre leur école de « quartier », les écoliers mexicains étant nombreux dont les parents leur font franchir la *linea* pour avoir accès à une meilleure éducation qui leur ouvrira, peut-être, un avenir meilleur.

L'accumulation de toutes ces expériences de traversée contribue à définir la frontière non seulement comme le lieu de la preuve d'identité, mais aussi comme celui de l'épreuve des individus. Dans les imaginaires, c'est aussi le territoire d'une possible dépravation choisie : passer la ligne, c'est aller consommer de l'alcool, des drogues ou du sexe… Les atteintes aux personnes que j'ai décrites concernent principalement le corps, mais leur composante traumatique n'est pas sans conséquence sur le psychisme. Il existe d'ailleurs en psychopathologie clinique un *borderline syndrome* ou « trouble de la personnalité limite » décrit comme un trouble d'origine intermédiaire, entre névrose et psychose. Il se traduit par l'instabilité et l'insécurité, tant dans ses relations sociales que dans l'image que l'on se construit de sa propre personne ; il est souvent décelé à travers l'expression de tendances suicidaires et d'automutilation. Des gestes qui ne sont pas sans rappeler ceux auxquels certains migrants illégaux se prêtent, effaçant leurs empreintes digitales pour éviter d'être enregistrés dans le fichier Eurodac qui les contraint à ne pouvoir demander l'asile que dans le premier pays où ils sont entrés en Europe (bien souvent l'Italie ou la Grèce qui sont également les États où les procédures d'asiles sont les plus longues et ont le moins de chances d'aboutir).

Les évolutions récentes de *rebordering* et de sécurisation des frontières fragilisent les individus en augmentant la fragmentation des corps dans les modalités de contrôle. Même dans les procédures les plus courantes, les corps sont ainsi exposés de manière inédite, au travers des palpations routinières aux portiques de sécurité des aéroports et à tous les types de checkpoints. Au sens propre, la frontière deviendrait-elle bel et bien le lieu du toucher de l'autre ? L'appui de la technologie, et

La frontière individualisée 129

notamment des scanners à ondes radio millimétriques (qui détaillent les corps de façon très intime, en passant à travers les vêtements pour s'arrêter à la peau) bouscule à une échelle très fine la notion du privé et du public. De la même façon que la question de la multiplication des camps brouille le statut du réfugié de guerre, du déplacé intérieur, du prisonnier, l'analyse se heurte une fois de plus à la disparition de toute binarité.

Aux frontières, à travers les technologies biométriques, c'est l'identité d'un individu qui se trouve décomposée et recomposée dans une circulation paradoxale de données. La personne qui passe la frontière voit son identité matérialisée par la relation entre ses caractéristiques biométriques (iris, empreintes digitales) et des extraits de fichiers qui la concernent. En plaçant ses papiers d'identité dotés de puce RFID devant le lecteur d'un ordinateur, la personne chargée du contrôle envoie une série de données sur le voyageur vers des serveurs, décomposant les différents aspects de sa vie, depuis ses habitudes de déplacement, mais aussi ses préférences alimentaires, jusqu'à des éléments concernant ses opinions, données collectées au travers des navigations sur Internet et des usages téléphoniques. C'est alors au niveau de centres de calculs que des algorithmes relient toutes ces informations pour reconstituer l'identité en fonction des contraintes du contrôle, dans un processus (presque) transhumain.

La frontière individualisée se déplace avec les individus ; elle revêt des caractéristiques de déformation qui échappent à la formalisation trop catégorique. L'un de nos ministres de l'Immigration avait même imaginé en 2010 de pouvoir créer des « zones d'attente spéciale » partout où plus de dix personnes toucheraient le territoire en dehors d'un point de passage frontalier officiel de l'espace Schengen. Ces évolutions amènent certains auteurs à parler de la frontière comme espace de performance, au sens théâtral de mise en scène mais aussi au sens éprouvé en art contemporain de *happening*, de réalisation toujours instable. De fait, les frontières sont de plus en plus présentes dans la production d'arts visuels contemporains, en représentant un *topos* récurrent, une « figure fertile » (Laurent Grison) qu'il me faut élucider pour finir ma démonstration.

L'expérience artistique de la frontière et ses conséquences politiques

Parce que cette implication des corps n'est pas seulement organique, il est essentiel de considérer les interactions sensibles qui opèrent aux frontières. La conjonction du poids de ces limites, à la fois dans nos imaginaires et dans nos vies quotidiennes, en fait le lieu d'une possible médiation esthétique. Celle-ci joue de fait un rôle croissant dans la compréhension que nous pouvons avoir des frontières : elle en renouvelle les cadres d'analyse théorique. Ce rapport est travaillé par de plus en plus d'artistes qui créent donc des œuvres donnant à ressentir la frontière autrement, tracent des propositions pour en transformer le sens. On parle bien sûr ici d'une définition de l'esthétique qui ne se fonde pas sur le jugement du goût (il ne s'agit pas de trouver une frontière belle), mais bien sur la médiation, sur la capacité à susciter une émotion et une expérience sensible. Cela ne veut pas dire que les frontières ne sont pas, par bien des aspects, fascinantes. La multiplication exponentielle des photographies de murs frontaliers illustre d'ailleurs l'ambiguïté qui peut se produire dans la relation artistique aux frontières : certaines productions esthétisent ce qu'elles veulent dénoncer d'une façon qui annule leurs prétentions d'opposition politique et de résistance.

L'artiste contemporain devient celui qui est susceptible de créer des dispositifs et artefacts mettant nos perceptions sensorielles en éveil. Les arts visuels, qui sont le champ créatif que j'ai le plus exploré, offrent plusieurs accroches intéressantes pour penser la frontière. Les personnes qui interviennent dans ce domaine sont tout d'abord les seules à pouvoir détourner, voire subvertir, l'ordre médiatique ambiant. Au vu de l'examen de l'efficacité des murs que nous avons commencé à esquisser, on peut avancer que ces derniers servent peut-être avant tout à être le support d'images de contrôle que les acteurs en charge du gouvernement des frontières fabriquent et diffusent. Ces images fonctionnent comme des prophéties auto-réalisatrices : une fois investis des millions dans la construction d'une barrière dont les clichés seront régulièrement présentés dans les médias, il devient évident pour le destinataire de cette communication que le danger contre lequel la barrière devait le prémunir est réel. Selon un syllogisme fallacieux, l'immigrant illégal voit sa dangerosité confirmée par l'ampleur du dispositif mobilisé pour le combattre. Face à ce matraquage visuel du paysage du pouvoir, les dispositifs d'art contemporain sont les seuls à fabriquer des éléments de contre-pouvoir de même ordre, voire des artefacts plus complets, car assumant de s'adresser à l'ensemble sensible de ceux qu'ils mettent en relation avec les frontières. Il est facile d'objecter à cette proposition que l'art contemporain s'adresse à un public minoritaire et que sa réception n'a pas l'impact que je lui prête ici. Il me semble néanmoins que la multiplication des œuvres qui touchent la frontière est telle que l'on peut aujourd'hui parler d'un « art à la frontière » qui, dans une dynamique local/mondial propre à la globalisation, participe de notre accès cognitif aux espaces frontaliers.

La relation de la production visuelle aux frontières est intéressante parce qu'ambiguë : il ne s'agit pas de décrire une situation. L'histoire de l'art a montré à quel point les artistes s'étaient éloignés de la démarche de « reproduction » au XXe siècle, à la fois par leur entreprise de déconstruction de l'image à travers les nombreux courants de l'art dit abstrait ou non figuratif, mais également de par les médias utilisés. Même la photo n'est plus aujourd'hui symétrique de la réalité : l'image numérique opère une décomposition et recomposition de la lumière en pixels qui n'a plus rien à voir avec la fabrication d'un positif à partir d'un négatif dans le processus argentique traditionnel. Dans ce contexte, le rapport au lieu, mieux connu sous le terme de « tournant spatial » de l'art contemporain est de nature relationnelle : un grand nombre d'œuvres utilisent l'espace de façon active : le critique d'art Nato Thompson a même pu dire que tout artiste était géographe, et tout géographe artiste, du fait de la façon dont leur « graphie » de la terre, et du monde globalisé, comportait une dimension expérimentale... Toute localisation interroge l'espace pour mieux en exprimer des caractéristiques, et ce faisant, intervenir sur son fonctionnement : cette dimension intégratrice de la personne qui pense et agit dans le dispositif qu'elle met en place constitue une dimension réflexive que les penseurs en sciences sociales et les artistes sont de plus en plus conscients de partager aujourd'hui. Elle fonde leurs possibles collaborations. Cela les amène à qualifier leur production de « performative », c'est-à-dire dotée du pouvoir de transformer tout mot en acte et d'actualiser dans le même temps tout texte.

L'art aux frontières a ceci d'éclairant pour leur analyse qu'il permet de considérer ensemble frontières qui s'ouvrent et qui se ferment, tant la multiplication récente de la production d'œuvres concerne les deux volets des processus que nous avons définis, et permet, justement, de les comprendre ensemble. Les artistes donnent à voir des réalités invisibles des frontières. La multiplication des photos ou d'installations sculpturales témoignant de l'abandon des postes frontaliers au sein de l'espace Schengen en est une preuve. Mais on pense aussi à Francis Alys qui parcourut

La frontière individualisée 135

Jérusalem en 2005, soit l'année suivant le début de la construction du mur, avec un pot de peinture verte, troué, à la main, laissant s'échapper un filet de couleur qui vint marquer le bitume et redonner une matérialité à la fameuse « ligne verte » de l'armistice de 1967 que les politiciens israéliens avaient ignorée au point de la faire disparaître du paysage. La vidéo qui documente son parcours s'intitule « Parfois faire quelque chose de poétique peut devenir politique et parfois faire quelque chose de politique peut devenir poétique[1] ».

Comme souvent, le texte vient à l'appui de l'image pour fabriquer l'œuvre, ainsi qu'un nombre d'autres éléments apparemment périphériques qu'il nous importe de considérer ici : l'analyse géopolitique de la production culturelle repose aussi sur les représentations stratégiques du processus créatif, et notamment celles des artistes et de ceux qui les diffusent, commissaires d'exposition et musées, galeristes et collectionneurs. Il y a là une grande spécificité des arts visuels par rapport à d'autres champs culturels : une forme d'auto-assignation à résidence des producteurs de l'œuvre qui éprouvent le besoin de se définir par rapport au lieu d'où ils

---

1. « *Sometimes doing something poetic can become political and sometimes doing something political can become poetic* », 2005.

parlent. Pas un artiste qui n'oublie de mentionner dans son CV ou dans sa proposition esthétique (le fameux *artist statement* qui accompagne désormais toute présentation d'œuvre) là où il est né, sa nationalité, plaçant *de facto* son intervention dans un faisceau de relations de pouvoir. Les formes de coopération transfrontalières observées en musique (l'orchestre West-Eastern Divan fondé conjointement par Daniel Barenboïm et Edward Saïd réunissant de jeunes instrumentistes d'Israël et des Territoires palestiniens ainsi que des pays arabes voisins ou bien l'orchestre des Missions Guaranis, faisant jouer ensemble des jeunes Paraguayens et Argentins) ne sont pas reproductibles dans le champ des beaux-arts... Est-ce parce que, dans le jeu musical, l'écoute du son produit par l'autre sublime son identité politique ? Le débat pourrait être développé de façon bien plus poussée, mais ce qui m'importe ici c'est de pouvoir affirmer que la culture ne peut pas être instrumentalisée pour fabriquer du lien, et que parfois même, au contraire, elle fonde des argumentaires antagoniques stratégiques de poids.

De part et d'autre du mur construit entre Israël et les Territoires palestiniens de Cisjordanie, la production artistique liée à la frontière respecte une microchronologie troublante. Entre 2003 et 2007,

La frontière individualisée 137

c'est-à-dire au moment de la décision de la construction de la « barrière de sécurité », on assiste d'abord à une production d'œuvres de dénonciation des deux côtés de la frontière nouvellement matérialisée et qui semblent mener un combat commun. Ces œuvres engagent les corps malmenés par les nouveaux dispositifs, notamment la troublante caricature des contrôles de sécurité des travailleurs palestiniens aux checkpoints israéliens imaginée en 2003 par Sharif Waked, arabe israélien, dans la vidéo *Chic Point*, qui parodie un défilé de mode où l'artiste fait porter à des hommes des vêtements *ad hoc* (avec des trous et ouvertures faciles au niveau de l'abdomen). La grâce de la collection (harmonie des modèles et physique galbé des mannequins) met en abyme l'absurde des situations d'humiliation que la barrière engendre. Même genre d'humour décalé dans la vidéo datant de 2006 de l'Israélienne Rona Yefma, « Fifi Brindacier, la fille la plus forte du monde à Abu Dis » *(Pipi Longstocking, the strongest girl in the world at Abu Dis)* : déguisée en cette héroïne de littérature enfantine connue pour sa force légendaire, l'artiste se fait filmer en train d'essayer d'ébranler le mur à mains nues, tirant de toutes ses forces sur les panneaux de béton sous les encouragements des passants, sans succès immédiat. Dans le même temps, beaucoup d'œuvres sont créées qui cherchent à mettre en parallèle le nouveau mur avec les autres grandes déchirures du monde occidental, des artistes internationaux interviennent en grand nombre autour du mur ; le résultat s'affiche dans des expositions comme celles qui s'intitulent *Three Cities against the Wall* (2005, Ramallah, Tel Aviv, New York) ou *Challenging Walls* (travail réalisé en 2006 et montré au public en 2007 qui met en relation par des photos les situations à Chypre, en Allemagne, en Irlande du Nord, avec celles d'Israël et de Palestine). Pendant cette période, quelques rares projets collaboratifs ont pu se dérouler qui ont vraiment vu des artistes issus des deux côtés du mur travailler ensemble. Dans le cadre d'un collectif né en 2003, *Artists against Walls*, des personnes mettant une signification différente dans leur collaboration sont parvenues à mettre au point des dispositifs communs, comme la fenêtre virtuelle ouverte dans le mur la nuit du 1er avril 2004 (projection de chaque côté de la réalité vécue du côté opposé grâce à un jeu de caméras et vidéoprojecteurs reliés par un petit trou dans le béton pour faire passer les câbles des appareils). Leurs efforts leur ont permis de réunir les fonds leur permettant de travailler ensemble pendant deux années (2006-2008) au sein d'un projet qui a eu beaucoup d'impact, intitulé *Liminal Spaces*. Mais

La frontière individualisée 139

depuis cette période, les rencontres se sont raréfiées et n'ont plus pu se dérouler qu'à l'étranger (par exemple au sein du *Theater of Peace,* 2010, Berlin). Quelques artistes israéliens continuent à appeler de leurs vœux ce dialogue qui n'est plus envisageable côté palestinien du fait du respect d'un boycott qui ne fait pas d'exception pour la culture.

Pour une grande partie, ces œuvres assument leur composante politique et souhaitent contribuer à dénoncer des situations de fermeture qui affectent les populations locales, mais aussi la conscience politique, dans son aspiration universelle. Il est ainsi possible de tracer l'origine de ce qu'on pourrait presque qualifier de « mouvement » de l'art frontalier en pointant la centralité de la frontière États-Unis/Mexique dans son expression et sa diffusion. C'est là qu'est né en 1984 le premier collectif à revendiquer cette appellation, le BAW/TAF, un acronyme pour dire ensemble un nom bilingue, le *Border Art Workshop/Taller de Arte Fronterizo* (Atelier d'art frontalier), dont l'inspiration est liée à l'identité chicano de la région. C'est également sur cette interface que Teddy Cruz a proposé de parler d'« équateur politique » pour désigner une possible mise en réseau de toutes les grandes lignes de fracture géopolitique du monde, depuis San Diego/Tijuana jusqu'aux frontières de l'Inde. Cet espace a vu l'émergence de formes esthétiques marquantes, notamment la performance (voir les œuvres provocantes de Guillermo Gómez-Peña), et l'invention des « essais-vidéos » par Ursula Biemann. Ma recherche de ces œuvres pour construire une sorte de musée imaginaire de l'art aux frontières a été guidée par l'hypothèse que la production artistique accompagnait la sécurisation des limites internationales. On a vu ainsi surgir des projets de création à la frontière États-Unis/Canada, et notamment dans des communautés qui ont vécu jusqu'à très récemment à cheval sur la frontière (projet *Stanstead ou Comment traverser la frontière*, 2011-2012), mais aussi entre le Zimbabwe et l'Afrique du Sud (*Border Farm*, 2009-2010). Cet objectif premier n'est pas dépourvu d'ambiguïté : si l'intention des artistes relève de la résistance à l'ordre dominant, dans les faits les œuvres produites participent aussi à faire de la frontière contemporaine un fait social total.

La production d'œuvres visuelles qui concernent la frontière reste certes très marquée par la figure de la ligne, un héritage de la période conceptuelle de l'art contemporain. Les premières créations explicitant la production artistique à la frontière sont sans doute dues à Denis Oppenheim : on pense à ses interventions sur la rivière St. John, entre le Maine et le Nouveau-Brunswick, où il ouvrit mécaniquement dans l'eau gelée à la fois la frontière entre les États-Unis et le Canada et la limite entre deux fuseaux horaires (*Boundary Split* et *Time Pocket,* 1968) pour produire des images en noir et blanc extrêmement marquantes. Son travail trouve un écho direct dans l'œuvre d'un jeune artiste québécois, Andreas Rutkauskas, *Walk the Line* (2011), qui se sert de la trouée de six mètres (20 pieds) qui doit être maintenue là où la frontière entre les États-Unis et le Canada traverse la forêt, selon des dispositions prises dans les traités : l'artiste parcourt la ligne qui strie le paysage, produisant photo, vidéo, mais aussi une trace GPS du signal que son corps émet dans la performance de limite, une façon d'étendre les dimensions de la droite euclidienne. C'est encore à l'exploration de la ligne que se livrent les membres du collectif Decolonizing Palestine dans leur installation de 2010 intitulée *The Lawless line* (« La ligne hors-la-loi ») : en travaillant sur le sens de l'échelle de la carte (au 1/20 000) qui accompagnait les accords d'Oslo, ils interrogent ce que représente littéralement sur le terrain un trait de quelques millimètres d'épaisseur posé sur le papier. Ils explorent ainsi l'espace couvert par le tracé des frontières tel que validé par le texte officiel, questionnant le statut impossible à définir des espaces situés sous la ligne.

L'art aux frontières a cette immense vertu de permettre la diffusion d'un imaginaire de la frontière multidimensionnelle et mobile. C'est cette dimension que nous avons explorée au sein du collectif AntiAtlas des frontières fondé en 2012. Une partie des œuvres produites joue en effet avec les dispositifs de surveillance, en détournant les images produites par des agents de contrôle des frontières pour en faire des installations artistiques (voir par exemple le dispositif *Texas Border*, 2010, où Joana Moll réutilise des clichés de caméras placées par des *Minute Men*, des volontaires de la vigilance de l'immigration illégale venant des États-Unis vers le Mexique, ou encore les vidéos issues du pilotage d'un drone par Adrien Missika dans *As the Coyote Flies*, 2014). Le collectif *Watch The Med* s'est ainsi donné pour but de chercher les traces des navires qui circulaient en Méditerranée aux abords des embarcations de migrants au moment où elles ont sombré pour dénoncer le fait que ces drames ne sont pas fortuits et résultent en partie de la non-assistance à personnes en danger : la formation en arts plastiques et architecture des instigateurs du projet les dote d'un pouvoir de mobilisation des images qui fait de leur site un objet hybride, entre art et politique. Le fait de se réclamer du monde culturel permet d'une part de protéger ceux qui

La frontière individualisée 143

entreprennent certaines actions aux limites de la légalité : Heath Bunting a documenté les traversées illégales de frontières en Europe « couvert » par un contrat de production avec le musée de la Tate Modern à Londres. Ce statut d'artiste autorise aussi l'exploration de possibles ressources inédites pour les revendications liées au statut des migrants : dans un projet mené en 2006-2007, Patrick Bernier et Olive Martin ont fabriqué une plaidoirie performée intitulée *X. c/ Préfet de … ; Plaidoirie pour une jurisprudence*, texte qui propose au juge de relaxer un migrant accusé d'être en situation illégale sur le territoire au motif qu'il est en train de jouer son propre rôle, qu'il est l'artiste de sa vie, et qu'en tant que telle, sa performance mérite d'être jugée selon des critères esthétiques et non juridiques.

Si l'art à la frontière est politique, ce n'est pas simplement à cause des messages explicites qu'il cherche à transmettre, ni à cause de son contenu littéral. Son pouvoir est lié à sa capacité à mobiliser le spectateur, dans le domaine sensible d'abord, mais aussi dans ce que l'expérience esthétique provoque de réaction politique. L'expérience esthétique, nous dit le philosophe Jacques Rancière, « se définit aussi comme expérience de dissensus » et c'est à ce titre qu'elle partage avec la politique la capacité de provoquer des « opérations de reconfiguration de l'expérience commune du sensible ». C'est dans la force de réaction à l'œuvre que la distance au réel se renégocie, que l'on peut s'éloigner des messages dominants propagés, et trouver des ressources pour formuler une pensée critique. Personne n'imagine qu'une création puisse provoquer des réactions homogènes, mais c'est dans le débat autour de ces divergences que peut encore surgir du sens commun.

ÉPILOGUE

La frontière est le lieu du malentendu : il est difficile de se mettre vraiment d'accord sur ce qu'elle veut dire et sans doute est-elle l'un des objets qui permet le mieux de dire la vanité des efforts de traduction. Est-ce un désavantage ? Sans doute beaucoup moins qu'on voudrait nous le faire penser, car la frontière est aussi l'espace de la métaphore par excellence. Pour des besoins d'efficacité démonstrative je me suis cantonnée ici à l'analyse des limites internationales, mais on peut étendre et comparer les conclusions de ce livre à une approche des frontières urbaines, des limites du corps ou des objets… Le langage courant, les pratiques quotidiennes, les productions médiatiques et artistiques ne s'en privent pas et c'est très bien ainsi. La figure de la liminalité est centrale dans la pensée théorique critique et postmoderne anglophone, notamment en littérature, mais avec également de fortes résonances en histoire de l'art. L'intérêt renouvelé pour les frontières est aussi le signe de la diffusion de ces façons de questionner l'humain.

Au seuil de ce texte qui, à bien des égards, prend des allures de réquisitoire, que faut-il retenir de la frontière ? Des bilans antérieurs on retiendra que malgré sa variété d'états et de formes, « la limite (ou frontière) est un invariant structurel sinon morphologique dont la construction est conditionnée par l'interface des physio-éco-socio-logiques ». Cette phrase du géographe suisse Claude Raffestin date de 1986 ; il resserra son propos en 1992 pour parler désormais d'« invariant bio-social » : il ne s'agissait pas pour lui de proposer une grille structuraliste d'interprétation des phénomènes frontaliers, mais de mettre en évidence qu'ils étaient le lieu de fonctions multiples – « différenciation, traduction, mise en relation et régulation » – et toujours superposées dans le temps et dans l'espace. Le panorama actualisé des frontières du début du XXIe siècle ne remet pas en cause ce prédicat, mais il confirme les difficultés à penser à partir de lui.

Dans une approche historique de la construction du savoir, Michel Foucault mettait en garde contre la crainte de penser la discontinuité. C'est en effet le lieu sinon du danger, d'un défi constant. Mais d'un autre côté, s'autoriser à penser la discontinuité rend possible le fait de se penser soi-même sans rejeter la part d'altérité, voire d'étrangeté, qui réside en tout individu et en tout groupe. « Penser à la limite » est un acte fondamentalement critique des catégories existantes et c'est sans doute là que réside la principale vertu heuristique des frontières.

Épilogue

Parler de frontière mobile n'a que très peu à voir avec l'approche historique des dynamiques des rapports de forces qui expliquait comment les lignes matérialisant les frontières historiques bougeaient sur les cartes.

Les frontières constituent aujourd'hui plus qu'un enjeu théorique dans la vie des personnes. Elles forment en effet une pièce maîtresse du puzzle de la mondialisation qui a besoin des frontières pour justifier la permanence des États dont elles continuent de justifier l'existence. Qu'elle s'ouvre ou se ferme, l'émergence de la frontière comme objet de politique publique et ressource pour les intérêts privés en fait un point d'intérêt convergent pour les marchés. La globalisation y trouve aussi une niche de ressources multiples, du transfrontalier au complexe sécuritaro-industriel, en passant par le marché de la recherche. Les frontières constituent bel et bien des lieux centraux du capitalisme marchand dont elles régulent les flux. Les processus de privatisation aux frontières vont plus loin que les simples mécanismes de concession de fonctions de régulation du secteur public vers le secteur privé : les dangers potentiels des frontières contemporaines et la précarisation des corps dans les franchissements constituent le symptôme de l'abandon des individus par des États qui ne les assistent plus.

Paradoxalement conçue comme enveloppe protectrice, la frontière devient le lieu où l'individu est abandonné seul face aux forces de la mondialisation qui le traversent avec violence. Il s'agit bien sûr des migrants et de ceux d'entre eux que l'on déshumanise en les qualifiant depuis une dizaine d'années d'illégaux (le mot utilisé en anglais est celui d'*alien* qui veut également dire « extraterrestre »…) mais aussi de tout un chacun dont le corps, voire l'identité tout entière, est soumise à des processus de décomposition/recomposition assistés par des technologies invasives de toute notre vie quotidienne.

Faisons donc de la frontière un lieu d'alerte. Les frontières invisibles ne se tiennent plus « au bord du politique » mais constituent des « objets essentiels de l'action politique », nous rappelait il y a déjà vingt ans le philosophe Étienne Balibar. Elles sont devenues la « condition antidémocratique de la démocratie » (2001). Quel est en effet l'avenir de systèmes politiques qui voient à la fois les conditions d'appartenance citoyenne et les périmètres de leurs systèmes vaciller aux frontières ? Quand l'opposition entre un « dedans protecteur » et un « dehors potentiellement dangereux » s'érode, quand la citoyenneté se définit par exclusion plutôt que par inclusion, comment continuer à définir

Épilogue

et construire le « bien commun », et à quelle(s) échelle(s) ? Pour l'heure, les frontières internationales restent les supports d'une citoyenneté qui elle-même fonde la démocratie... La façon dont nos limites vacillent met en évidence le devenir incertain de nos systèmes politiques. Faute d'une réflexion plus poussée, on pourra sans doute dire bientôt que ces frontières qui tuent sont là où nous avons admis de perdre notre humanité.

Bibliographie indicative

Agamben G., *Homo sacer. Le pouvoir souverain et la vie nue*, Paris, Seuil, 1997 [1995].

Agier M., *Gérer les indésirables. Des camps de réfugiés au gouvernement humanitaire*, Paris, Flammarion, 2008.

Agier M., *La Condition cosmopolite. L'anthropologie à l'épreuve du piège identitaire*, Paris, La Découverte, 2013.

Amilhat Szary A.-L., Fourny M.-C. (dir.), *Après les frontières, avec la frontière. Nouvelles dynamiques transfrontalières en Europe*, La Tour d'Aigues, Éditions de l'Aube, 2006.

Amilhat Szary A.-L., Giraut F. (dir.), *Borderities: The Politics of Contemporary Mobile Borders*, Basingstoke, Palgrave Macmillan, 2015.

Anderson B., *L'Imaginaire national. Réflexions sur l'origine et l'essor du nationalisme*, Paris, La Découverte, 1996.

Appadurai A., *Après le colonialisme : les conséquences culturelles de la globalisation*, Paris, Payot, 2001 [1996].

Bellayer Roille A., « Les enjeux politiques autour des frontières maritimes », *CERISCOPE* [en ligne], 2011, http://ceriscope.sciences-po.fr/content/part2/les-enjeux-politiques-autour-des-frontieres-maritimes, consulté le 21/10/2012.

Anzaldúa G., *Borderlands/La Frontera: The New Mestiza*, San Francisco, Aunt Lute Books, 2012 [1987] (25th anniversary - 4th edition).

Balibar É., « Qu'est-ce qu'une frontière ? », in *La Crainte des masses. Politique et philosophie avant et après Marx*, Paris, Galilée, 1996, p. 371-380.

Balibar É., *Nous, Citoyens d'Europe ? Les frontières, l'État, le peuple*, Paris, La Découverte, 2001.

Bennafla K., *Pour une géographie des bordures à l'heure globale : frontières et espaces d'activités « informelles »*, habilitation à diriger des recherches, Université Paris-Ouest Nanterre, https://tel.archives-ouvertes.fr/file/index/docid/850135/filename/tome_1_KB_2012.pdf, 2012.

Bennafla K., « The Contemporary Transnational Circulation of Goods in Africa : a Form of Reappropriation of State Borders », *Locus: Revista de Historia,* vol. 18(2), 2013, p. 215-234.

Bigo D., Guild E. (dir.), *Controlling Frontiers: Free Movement into and within Europe*, London, Ashgate, 2005.

Bigo D., « Frontières, territoire, sécurité, souveraineté », *CERISCOPE* [en ligne], vol. Frontières, 2011, http://ceriscope.sciences-po.fr/content/part1/frontieres-territoire-se, consulté le 21/11/2013.

Brambilla C., « Exploring the Critical Potential of the Borderscapes Concept », *Geopolitics*, 2014, p. 1-21.

Brunet-Jailly E. « Theorizing Borders: An Interdisciplinary Perspective », *Geopolitics*, vol. 10(4), 2005, p. 633-645.

Brunet-Jailly E. (dir.), *Borderlands: Comparing Border Security in North America and Europe*, Ottawa, University of Ottawa Press, 2007.

Brunet-Jailly E. (dir.), *Border Disputes. A Global Encyclopedia*, Santa Barbara, CA, ABC-CLIO, 2015.

Cristofol J., « L'art aux frontières », communication à la XIIe conférence BRIT (Borders Régions In Transition), nov. 2012, Fukuoka, http://www.antiatlas.net/blog/2014/02/11/2904/

Derrida J., « "La différance". Marges de la philosophie », conférence prononcée à la Société française de philosophie le 27 janvier 1968, publiée simultanément dans le *Bulletin de la société française de philosophie* (juillet-septembre 1968) et dans *Théorie d'ensemble*, Paris, Seuil, « Tel Quel », 1968.

Foucault M., *L'Archéologie du savoir*, 1969.

Foucault M., *Surveiller et punir : naissance de la prison*, Paris, Gallimard, 1975.

Foucault M., *Sécurité, territoire, Population. Cours au Collège de France 1977-1978*, Paris, Gallimard-Seuil, 2004.

Foucher M., *L'invention des frontières*, Fondation pour les études de défense nationale, Paris, 1986.

Foucher M., *L'Obsession des frontières*, Paris, Perrin, 2012 [2007].

Groupe FRONTIÈRE (C. Arbaret-Schulz, J.-L. Permay, B. Reitel, C. Selimanovski, C. Sohn, et P. Zander), « La frontière, un objet spatial en mutation », *EspacesTemps. net, 2004*, http://www.espacestemps.net/en/articles/la-frontiere-un-objet-spatial-en-mutation-en/

Hendricks T., « Ethnographic notes on "camp"– centrifugality and liminality on the rainforest frontier », *in* A.-L. Amilhat Szary et F. Giraut (dir.), *Borderities: The Politics of Contemporary Mobile Borders*, Basingstoke, Palgrave Macmillan, 2015.

Hernández-León R., « L'industrie de la migration. Organiser la mobilité dans le système migratoire Mexique-États-Unis », *Hommes & Migrations,* 2012/2, p. 34-44.

Grison L., *Figures fertiles : essai sur les figures géographiques dans l'art occidental*, Nîmes, J. Chambon, 2002.

Latte Abdallah S., Parizot C. (dir.), *À l'ombre du Mur : Israéliens et Palestiniens entre séparation et occupation*, Aix-en-Provence, Actes Sud/MMSH-CNRS, 2011.

Marin A., « Coopérer à travers les frontières orientales de l'UE : le modèle "eurorégional" et ses limites », *Regards sur l'Est* [en ligne], Dossier « Frontières recomposées à l'Est », 2012 http://www.regard-est.com/home/breve_contenu.php?id=1377&PHPSESSID=36d3deb4a6f0dac7801c892c50bac8c8, consulté le 10/10/2013.

Mezzadra S., Neilson B. (dir.) *Border As Method, or, the Multiplication of Labor*, Durham, NC, Duke University Press, 2013.

Migreurop, Clochard O. (dir.), *Atlas des migrants en Europe. Géographie critique des politiques migratoires*, Paris, Armand Colin, 2012 [2009].

Moore M., *A World Without Walls: Freedom, Development, Free Trade and Global Governance*, Cambridge, Cambridge University Press, 2003.

Newman D., « On Borders and Power: A Theoretical Framework. », *Journal of Borderlands Studies*, 18(1), 2003, p. 13-25.

Parizot C., Amilhat Szary A.-L., Popescu G., Arvers I., Cantens Th., Cristofol J., Mai N., Moll J. et Vion A., « The AntiAtlas of Borders, A Manifesto », *Journal of Borderlands Studies*, 29(4), 2014, p. 503-512.

Perkins C., Rumford C., « The politics of (un)fixity and the vernacularization of Borders », *Global Society*, vol. 27(3), 2013, p. 267-282.

Popescu G., *Bordering and Ordering the Twenty-First Century: Understanding Borders*, Lanham, MD, Rowman & Littlefield, 2011.

Raffestin C., « Éléments pour une théorie de la frontière », *Diogène*, vol. 134(18), 1986, p. 3-21.

Raffestin C., « Autour de la fonction sociale de la frontière », *Espaces et Sociétés,* n° 70-71, 1992, p. 157-164.

Rancière J., *Le Spectateur émancipé*, Paris, La Fabrique, 2008.

Rodier C., *Xénophobie Business : à quoi servent les contrôles migratoires ?*, Paris, La Découverte, 2012.

Bibliographie indicative

Scott J. W., *EU Enlargement, Region Building and Shifting Borders of Inclusion and Exclusion*, Farnham, Ashgate, 2006.

Stevens Q., *The Ludic City: Exploring the Potential of Public Spaces*, London, New York, Routledge, 2007.

Thompson N., *Experimental Geography*, New York, Melville House Publishing/ICI (Independent Curators International), 2008.

Vallet É. (dir.), *Borders, Fences and Walls. State of Insecurity? Border Regions*, Farnham, Ashgate, 2014.

Virilio P., Depardon R. (dir.), *Terre natale. Ailleurs commence ici*, Arles, Actes Sud/Fondation Cartier pour l'Art Contemporain, 2009.

Van Houtum H., Kramsch O. et Ziefhofer W., *B/ordering Space*, Farnham, Ashgate, 2004.

Wastl-Walter D. (dir.), *Companion to Border Studies*, Farnham, Ashgate, 2012.

Weber Max, *Le Savant et le Politique* (trad. C. Colliot-Thélène), Paris, La Découverte, 2003 [1919].

Wilson T. M., Donnan H. (dir.), *A Companion to Border Studies*, New York, Wiley-Blackwell, 2012.

TABLE DES MATIÈRES

Introduction..	5
La frontière mobile..	13
Le lieu de rencontre de l'autre......................	15
Des frontières qui s'ouvrent et se ferment à la fois..	27
Frontières en 3D..	39
Frontières réticulaires.....................................	49
La frontière ressource..	61
De la frontière qui divise à la frontière qui relie	63
La frontière comme outil d'action publique : les politiques transfrontalières dans le monde	74
L'économie de la surveillance de la frontière, un marché en expansion	85
La frontière individualisée...............................	103
Les inégalités du passage de la frontière : pour une analyse des « frontiérités » *(borderities)*	105

Le corps à la frontière 117
L'expérience artistique de la frontière et ses
conséquences politiques 130

Épilogue 145
Bibliographie indicative 153

Cet ouvrage a été mis en pages
par JOUVE
1, rue du Docteur-Sauvé – 53101 Mayenne

Achevé d'imprimer en février 2018
sur les presses numériques de Jouve
1, rue du docteur Sauvé 53100 Mayenne
N° d'impression : 2696755U

Imprimé en France